世界のなかの日本の歴史

一冊でわかる江戸時代

【監修】大石 学

河出書房新社

監修のことば

　本書は、1603年（慶長《けいちょう》8年）から1867年（慶応《けいおう》3年）までの265年にわたる江戸《えど》時代の歴史とその意義を理解するために編集されました。従来の江戸時代のイメージは、抑圧《よくあつ》・貧困・差別など社会の負の側面が強調されがちでした。しかし、近年二つの点から見直しが行われています。一つは、この時代が、国内でも、外国とも、一度も戦争をしなかったことです。江戸時代の長期の「平和」は、世界史でも稀有《けう》であり、「徳川《とくがわ》の平和＝Pax Tokugawana パクス・トクガワーナ」とも呼ばれます。しかも、この「平和」が1世紀に及《およ》ぶ戦国時代を克服《こくふく》して達成されたことも重要です。「平和」の到来《とうらい》とともに、戦闘員《せんとういん》であった武士は城下町に集住して官僚化《かんりょうか》し、村々へのリモート行政を展開しました。この結果、社会は均質化し、首都江戸は世界有数の大都市へと発展したのです。

もう一つは、江戸時代が今日に続くさまざまな制度、システム、思想など特徴的《とくちょうてき》な「文明」を成立・発展させたことです。生活単位である家や家族、町や村、さらには組織・集団の在り方など、日本的あるいは和風・和様などといわれる「文明」が国民規模で成熟しました。

そして、これら「平和」と「日本型文明」の発展を基礎《きそ》から支えたのが、庶民《しょみん》の読み書き能力＝リテラシーの向上でした。地域や身分を越《こ》えた教育の普及《ふきゅう》は、武力ではなく、法に基づく問題解決を広め定着させ、戦国社会に戻《もど》ることはなかったのです。当時の多くの来日外国人たちは、極東 Far East の小さな国・社会の秩序《ちつじょ》・公共性そして思いやりなどを、驚《おどろ》きとともに称賛《しょうさん》しています。今日に続く江戸社会は、当時の世界基準＝グローバルスタンダードにおいても、高い評価を受けているのです。

もくじ

監修のことば……2
徳川氏系図……6

プロローグ……7

世界のなかの江戸時代……8
豊臣政権が〝一時平和〟を勝ち取るまで……11

第一章 江戸時代を支えた体制づくり
――家康〜家綱（1603〜1680）……17

戦国の勝者は誰だ？―関ヶ原の戦い―……18
〝戦国再来〟との戦い―江戸幕府の成立―……24
優秀な中継ぎ当主―徳川秀忠―……30
生まれながらの将軍―徳川家光―……36
ただの禁教令ではない？―キリシタン弾圧―……42
本当に国を閉じたのか―「鎖国」の真実―……47
「防災都市」を造るために―首都・江戸の成長―……52
「強さ」よりも「賢さ」―武士から官僚へ―……60
江戸時代の偉人❶江……64

第二章 動揺と改革の江戸中期
――支配体制の安定化（1680〜1745）……65

「平和」は儲かる―江戸の経済発展―……66
綱吉はただの動物好きか？―〝犬将軍〟の実像―……69
赤穂浪士が許されない理由―江戸の法治主義―……77
倫理学から自然科学まで―学問の進歩―……84
文化の中心は京都―花開く元禄文化―……90
将軍よりも目立つ部下―正徳の治―……96
暴れん坊将軍の登場―徳川吉宗―……104
成功だった？　それとも失敗？―享保の改革―……112
江戸時代の偉人❷徳川光圀……118

第三章 揺れはじめた幕府の支配

――三人の老中の悲哀（1745～1843）

揺れはじめた幕府の支配――三人の老中の悲哀（1745～1843）……119
目立たぬ将軍の功績――徳川家重……120
赤字を防ぐための利益第一主義――田沼意次……124
飢饉と重商主義の崩壊――田沼時代の終焉……130
躍進する諸藩――地方に現れた名君たち……136
文化の中心も江戸へ――宝暦・天明期の文化……142
〝田沼恋しき〟定信時代――寛政の改革……147
きしむ江戸幕府――大御所・徳川家斉……152
異国とのかかわり――蘭学と弾圧……159
文化の中心も江戸へ――化政文化……164
金権政治家の野望――天保の改革……170
躍進する諸藩――幕末の主役たちの登場……174
江戸時代の偉人❸平賀源内……178

第四章 江戸幕府の終わり

――開国と戦乱の時代（1843～1867）

江戸幕府の終わり――開国と戦乱の時代（1843～1867）……179
幕末思想の源泉――諸学問の発展……180
開国か攘夷か――動揺する幕府……184
大獄の果てに――井伊直弼と安政の大獄……189
諸藩の蜂起――決行される攘夷と薩長同盟……195
起死回生の一手――大政奉還……206
江戸幕府本当の終わり――戊辰戦争……211
江戸時代がいまに残したもの――社会の連続性……216

コラム

1 江戸時代の〝不良〟……40
2 江戸時代に衰退していった「天守」……58
3 江戸時代の身分制度……82
4 大岡政談……110
5 江戸時代の旅行……140
6 江戸時代の出版事業……168
7 江戸のパンデミック「天然痘」……204

徳川氏系図

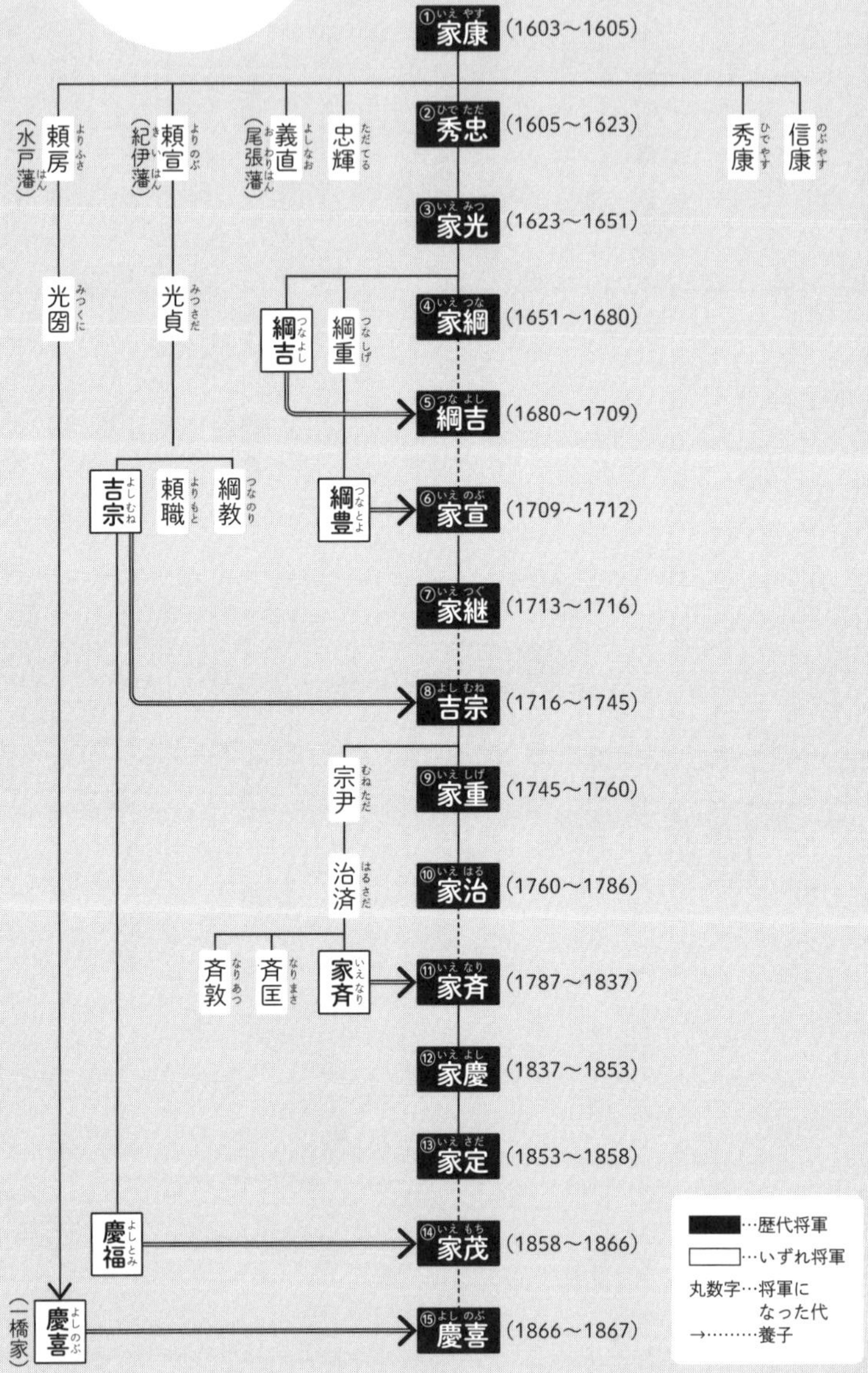

①家康《いえやす》 (1603〜1605)
②秀忠《ひでただ》 (1605〜1623)
③家光《いえみつ》 (1623〜1651)
④家綱《いえつな》 (1651〜1680)
⑤綱吉《つなよし》 (1680〜1709)
⑥家宣《いえのぶ》 (1709〜1712)
⑦家継《いえつぐ》 (1713〜1716)
⑧吉宗《よしむね》 (1716〜1745)
⑨家重《いえしげ》 (1745〜1760)
⑩家治《いえはる》 (1760〜1786)
⑪家斉《いえなり》 (1787〜1837)
⑫家慶《いえよし》 (1837〜1853)
⑬家定《いえさだ》 (1853〜1858)
⑭家茂《いえもち》 (1858〜1866)
⑮慶喜《よしのぶ》 (1866〜1867)
頼房《よりふさ》 (水戸藩《はん》)
頼宣《よりのぶ》 (紀伊藩《きいはん》)
義直《よしなお》 (尾張藩《おわりはん》)
忠輝《ただてる》
秀康《ひでやす》
信康《のぶやす》
光圀《みつくに》
光貞《みつさだ》
綱吉《つなよし》
綱重《つなしげ》
吉宗《よしむね》
頼職《よりもと》
綱教《つなのり》
綱豊《つなとよ》
宗尹《むねただ》
治済《はるさだ》
斉敦《なりあつ》
斉匡《なりまさ》
家斉《いえなり》
慶福《よしとみ》
慶喜《よしのぶ》 (一橋家)
…歴代将軍
…いずれ将軍
丸数字…将軍になった代
→………養子

プロローグ

prologue

世界のなかの江戸《えど》時代

250年以上続いた江戸時代は、世界とのかかわりを極端《きょくたん》に制限する、「鎖国《さこく》」体制にあったと考えられてきました。しかし、近年では鎖国をめぐる研究が進むと、制限されていたものの、諸外国とのかかわりが着実に進められていたことが明らかになっています。他方、この時代の世界は激しく揺《ゆ》れ動いていました。

江戸幕府が成立した1600年代、ヨーロッパでは大航海時代の目覚ましい経済発展が終わり、気候の寒冷化も影響《えいきょう》して危機的状況《じょうきょう》を迎《むか》えていました。凶作《きょうさく》や飢饉《ききん》に見舞《みま》われ、ドイツでは1618年に「三十年戦争」が始まりました。宗教間の対立に利害をめぐる思惑《おもわく》も加わり、諸外国が入り乱れる大規模かつ長期的な戦いに発展します。

1640年にイギリスでは「清教徒《せいきょうと》（ピューリタン）革命」が勃発《ぼっぱつ》しました。この革命によってイギリス国王のチャールズ1世は処刑《しょけい》され、イギリスの政治は11年の間、共和政になりました。

1600年代後半以後のヨーロッパは、不況《ふきょう》から立ち直り、経済重視の「重商主義」

が普及《ふきゅう》しました。この結果、ヨーロッパ経済は発展し、1700年代のイギリスでは産業革命が起こります。

ワットによる蒸気機関の改良や、スティーブンソンの製造した蒸気機関車などの技術革新によって生産性が劇的に向上し、資本主義の発展によって社会のあり方が大きく変わっていました。

しかし、この頃《ころ》イギリス領だった北アメリカの十三植民地がイギリスに反抗《はんこう》し「独立戦争」が始まり、最終的に独立軍が勝利してアメリカ合衆国が成立しました。

当時イギリスと世界の覇権《はけん》を争っていたフランスでも、フランス革命によって国王ルイ16世が処刑《しょけい》されて共和政が成立します。このように、欧米《おうべい》で社会のあり方が劇的に変化したのです。

政治体制が不安定だったのは東アジア世界も同じで、中国の明《みん》が滅《ほろ》び、1636年には清《しん》が建国されます。

そして1800年代、ヨーロッパ諸国の海外進出は加速します。これまで力を持ってきたオスマン帝国《ていこく》（現在のトルコ）やムガル帝国（現在のインド）は衰退《すいたい》し、1842

年には清がイギリスとのアヘン戦争に敗れて苦境に立たされました。

鎖国体制下にあった江戸幕府もこうした時代の流れに巻き込《こ》まれ、1808年（文化5年）のイギリス軍艦《ぐんかん》フェートン号の長崎港侵入《しんにゅう》をはじめ、外国船の侵入に悩《なや》まされるようになりました。1825年（文政8年）には海岸へ接近する外国船へ攻撃《こうげき》命令を出す「異国船打払令《いこくせんうちはらいれい》」が出されましたが、外国船の侵入は増え続けます。そして1853年（嘉永《かえい》6年）にアメリカ東インド艦隊《かんたい》の司令長官、ペリーを乗せた黒船が来航。

こうした状況を前に、国内では諸外国との親交・通商やむなしとする「開国派」と「夷狄《いてき》である外国人を追い払《はら》え」と主張した攘夷《じょうい》派が対立しました。最終的には「日米和親条約」を結んで開国されることになりますが、一連の騒動《そうどう》で幕府の権威《けんい》低下は避《さ》けられず、薩摩《さつま》藩《はん》や長州《ちょうしゅう》藩などの倒幕《とうばく》派の台頭を許します。

結局、幕府は倒幕派の勢いを止められず、1867年（慶応《けいおう》3年）に政権を天皇に返上する「大政奉還《たいせいほうかん》」を行いますが、新政府内部の主導権争いから旧幕府軍と新政府軍の対立は決定的となり、戊辰《ぼしん》戦争が幕を開けたのです。

豊臣《とよとみ》政権が〝一時平和〟を勝ち取るまで

江戸幕府の達成に「平和」の実現があります。この功績は、鎌倉・室町・戦国時代を通じて、日本が江戸時代を迎《むか》えるまで戦争に明け暮れていたことに対する克服を示しています。「戦争をしていたのは戦国時代」とイメージされがちですが、そうではありません。

古くは平安時代末期に源氏と平氏が戦った源平合戦（1180～85年）から、鎌倉《かまくら》幕府《ばくふ》成立後に幕府と後鳥羽《ごとば》上皇を中心とする朝廷《ちょうてい》の間で発生した承久《じょうきゅう》の乱（1221年）、鎌倉幕府の滅亡《めつぼう》後に室町《むろまち》幕府初代将軍の足利尊氏《あしかがたかうじ》とその弟、足利直義《ただよし》の間で勃発《ぼっぱつ》した南北朝《なんぼくちょう》の動乱（1336～92年）、室町幕府の内乱である応仁《おうにん》の乱（1467～77年）に至るまで……。

他にも大小さまざまな合戦が繰《く》り広げられながら、やがて日本は戦国時代に突入《とつにゅう》していきました。戦国時代に発生した戦の多くは、室町時代以前のイザコザや因縁《いんねん》をそのまま受け継《つ》いでいたのです。

例えば、室町幕府成立時（1378年）に関東の支配を担う足利一族の「鎌倉公方《かまくらくぼう》」と、彼《かれ》を補佐する「関東管領《かんとうかんれい》」の上杉《うえすぎ》氏は室町時代を通じて対立し、周囲の勢力も巻き込《こ》んで泥沼《どろぬま》の争いを繰《く》り広げました。

この争いは解決することなく戦国時代まで続き、彼らの勢力は衰《おとろ》えたものの、相模《さがみ》（現在の神奈川県）を支配した後北条《ごほうじょう》氏をはじめ、長尾景虎《ながおかげとら》（上杉謙信《けんしん》）で有名な越後《えちご》（現在の新潟県）の長尾氏や、武田《たけだ》信玄《しんげん》が率いた甲斐《かい》武田氏（甲斐は現在の山梨県）、今《いま》川義元《がわよしもと》で知られる駿河《するが》今川氏（駿河は現在の静岡県）などが、混乱に乗じて関東の覇権《はけん》争いに介入《かいにゅう》し、長期間の戦いに発展していきました。

このような権力争いは日本各地で見られ、先祖《せんぞ》代々の因縁《いんねん》を引き継《つ》いだ戦乱に次ぐ戦乱の終わりは、当時の人たちには全く見えなくなっていました。

しかし、そんな戦国時代を大きく変えた男がいます。その名は「織田信長《おだのぶなが》」。尾張《おわり》に生まれた信長は、1560年（永禄3年）、今川義元との間に勃発《ぼっぱつ》した桶狭間《おけはざま》の戦いに勝利し、斎藤道三《さいとうどうさん》の死後に関係が悪化していた美濃斎藤《みのさいとう》氏（美濃は現在の岐阜県）を倒《たお》して力を伸《の》ばし、当時京都を支配していた阿波《あわ》（現在の徳島県）の戦国大名である三好《みよし》氏から逃《のが》れるため、都を離《はな》れていた室町幕府第15代将軍・足利義昭《よしあき》の上洛《じょうらく》を支援《しえん》しました。

自身も京都に入り、三好氏を含《ふく》む敵対勢力を京都から一掃《いっそう》した信長は、足利義昭と協力して政治の中心を担いました。

しかし、やがて義昭との対立が深刻化し、義昭は裏で諸大名と連携《れんけい》して打倒《だとう》信長を画策します。彼の呼びかけに応じて越前《えちぜん》の朝倉《あさくら》氏や近江《おうみ》の浅井《あざい》氏、甲斐《かい》の武田《たけだ》氏らがひそかに協力を約束しました。

信長は危機に瀕《ひん》しました。しかし、その後、朝倉氏と戦っている最中に同盟相手だった浅井氏が裏切ったことによる挟《はさ》み撃《う》ちを、脱兎《だっと》のごとく戦場を脱出《だっしゅつ》して回避《かいひ》した「金《かね》ケ崎《がさき》の退《の》き口《ぐち》」(1570年(元亀《げんき》元年))や、進軍途中《とちゅう》の信玄《しんげん》の急死などにより、事態は好転します。信長は義昭を追放して室町幕府を廃し、朝倉氏や浅井氏、甲斐武田氏をも滅《ほろ》ぼして権力を手にし、天下統一を目前にしました。

しかし、1582年(天正10年)6月2日、自身の部下だった明智《あけち》光秀《みつひで》による裏切りに遭《あ》い、その生涯《しょうがい》を終えます。「本能寺《ほんのうじ》の変」です。

本能寺の変が勃発《ぼっぱつ》したのち、明智光秀は秀吉《ひでよし》によって即座《そくざ》に討ち取られ、秀吉を含む信長の部下や息子たちの間で「誰《だれ》が信長の後継者《こうけいしゃ》になるか」という争いが繰り広げられました。

柴田勝家《しばたかついえ》や徳川家康《とくがわいえやす》など信長の部下や他の大名も後継者《こうけいしゃ》レースに関わりましたが、勝家は秀吉との賤ヶ岳《しずがたけ》の戦い（1583年（天正11年））に敗れて命を落とし、家康は翌年の小牧《こまき》・長久手《ながくて》の戦いなどを経て最終的に秀吉に従いました。

これにより、最終的な勝者となったのは秀吉でした。秀吉は信長の跡《あと》を継《つ》いで天下統一を目指します。

秀吉は、まず紀州の平定に乗り出しました。紀州は、宗教勢力を後ろ盾《だて》に、根来衆《ねごろしゅう》や雑賀衆《さいかしゅう》などの国人（有力土豪）たちが力を持ち、朝廷《ちょうてい》や幕府の支配もおよばない「治外法権」の地でした。

天下統一を目指す秀吉は、彼らを従わせる必要があったのです。紀州は大軍によって即座《そくざ》に平定されました。

続いて、未だ抵抗《ていこう》を続ける四国を平定すべく、現地で力を持っていた長宗我部《ちょうそかべ》氏との対決に乗り出します。長宗我部氏は抗戦《こうせん》したものの、力の差になすすべなく連敗を重ね、最終的に降伏しました。

その後、秀吉は「関白《かんぱく》」職に就き、苗字《みょうじ》を「豊臣」に改めました。ここで秀吉は、天下統一を果たすべく全国の大名に「私戦」、つまり秀吉の許可なく勝手に戦いを行うことを禁止する「惣無事令《そうぶじれい》」を出します。

この、惣無事令を無視して豊後《ぶんご》の大友《おおとも》氏攻《ぜ》めを止めなかった薩摩の島津《しまづ》氏に対して、秀吉は命令違反《いはん》として兵を向けました。

豊後では大友氏が島津氏の猛攻《もうこう》によって窮地《きゅうち》に陥《おちい》っていましたが、秀吉の大軍が到《とう》着《ちゃく》するや形勢は逆転。戦上手《いくさじょうず》で有名な島津氏も、降伏《こうふく》を余儀《よぎ》なくされました。

その後、最後まで秀吉に敵対し続けたのは関東の後北条氏と奥羽《おうう》の伊達《だて》氏でした。後北条氏は秀吉から絶大な信頼《しんらい》を得ていた家康と親しい間柄《あいだがら》だったため、家康は対立を避《さ》けようと奔走《ほんそう》しましたが、彼《かれ》らが惣無事令を無視して真田氏の名胡桃《なぐるみ》城を奪取《だっしゅ》したことなどを理由に、後北条氏の拠点《きょてん》であった小田原攻《おだわらぜ》めが実行されます。

小田原城は難攻不落《なんこうふらく》の名城として知られていましたが、日本中の兵を集めた大軍の前では防戦一方となり、やがて降伏《こうふく》しました。

一方、秀吉と敵対していた伊達《だて》氏ですが、小田原攻めへの参加命令を悩《なや》みに悩んだ末に受け入れ、秀吉に従うことを決めます。当時、東北には秀吉に従わない小勢力も多く残っていましたが、伊達氏の降伏後に無事東北は平定されました。

ここに秀吉に敵対する勢力は国内から消え、悲願だった天下統一が果たされました。鎌倉幕府や室町幕府とは違《ちが》って一切の私戦を停止させているため、この時点で一時の「平和」は達成されました。

しかし、この「平和」はあくまで「一時的なもの」。私たちは、この後に関ヶ原《せきがはら》の戦いや大坂冬の陣《じん》・夏の陣を経て、250年以上の平和が到来《とうらい》することを知っていますが、家康をはじめ当時の武士たちは、いまだこのまま無事平穏《へいおん》な世が長く続くとは考えにくかったでしょう。

先の見えない時代、家康をはじめとする後継の将軍や彼らを支える大名や武士、農民や町人らは、どのように江戸時代を生き、「平和」を維持《いじ》していったのでしょうか。

ここからは、江戸時代の出来事を世界の動きと照らし合わせながら見ていきましょう。

第一章

江戸時代を支えた体制づくり

――家康～家綱（1603～1680）

戦国の勝者は誰《だれ》だ？ ―関《せき》ヶ《が》原《はら》の戦い―

江戸《えど》時代の始まりは、一般的《いっぱんてき》には徳川家康《とくがわいえやす》が朝廷《ちょうてい》から征夷大将軍《せいいたいしょうぐん》に任命され、江戸幕府を開いた1603年（慶長《けいちょう》5年）と考えられています。

それは、より早く天下を手中に収めていたのは豊臣秀吉《とよとみひでよし》であり、天下人が入れ替《か》わったのは、「秀吉の死」と「家康の勝利」を前提にしています。

1598年（慶長3年）、秀吉が病により亡くなる直前、彼《かれ》は、まだ幼かった後継《こうけい》者《しゃ》・豊臣秀頼《ひでより》の補佐役《ほさやく》を、経験豊富な「五大老《ごたいろう》（徳川家康・前田利家《まえだとしいえ》・宇喜多秀家《うきたひでいえ》・毛《も》利輝元《りてるもと》・上杉景勝《うえすぎかげかつ》）」と「五奉行《ぶぎょう》（前田玄以《まえだげんい》・浅野長政《あさのながまさ》・増田長盛《ましたながもり》・石田三成《いしだみつなり》・長《な》束正《つかまさ》家《いえ》）」に任せました。

ところが、秀吉死後の主導権をめぐって五大老や五奉行たちの間で、対立が生じます。特に、徳川家康と石田三成の対立は深刻でした。

このような状況《じょうきょう》下で、1600年（慶長5年）にご大老の一人、上杉景勝が家康の上洛《じょうらく》命令を拒否《きょひ》。家康はこれを謀反《むほん》と判断し、景勝の領国である会津《あいづ》（現在の福島県）に進軍を開始します。

この隙《すき》に三成は自身の味方と兵を挙げ、知らせを受けた家康は会津への進軍を中止し、兵を引き返し戦に備えました。

西から進撃《しんげき》する三成率いる西軍と、東から戻《もど》る家康率いる東軍は、美濃《みの》（現在の岐阜県）の関ヶ原で激突《げきとつ》しました。「関ヶ原の戦い」です。

関ヶ原の戦いは、「天下分け目の大《おお》戦《いくさ》」として広く知られていますが、本《ほん》陣《じん》同士の戦は1日足らずで終わりました。

通常、「西軍に裏切る武将が続出し

東軍と西軍の主な武将

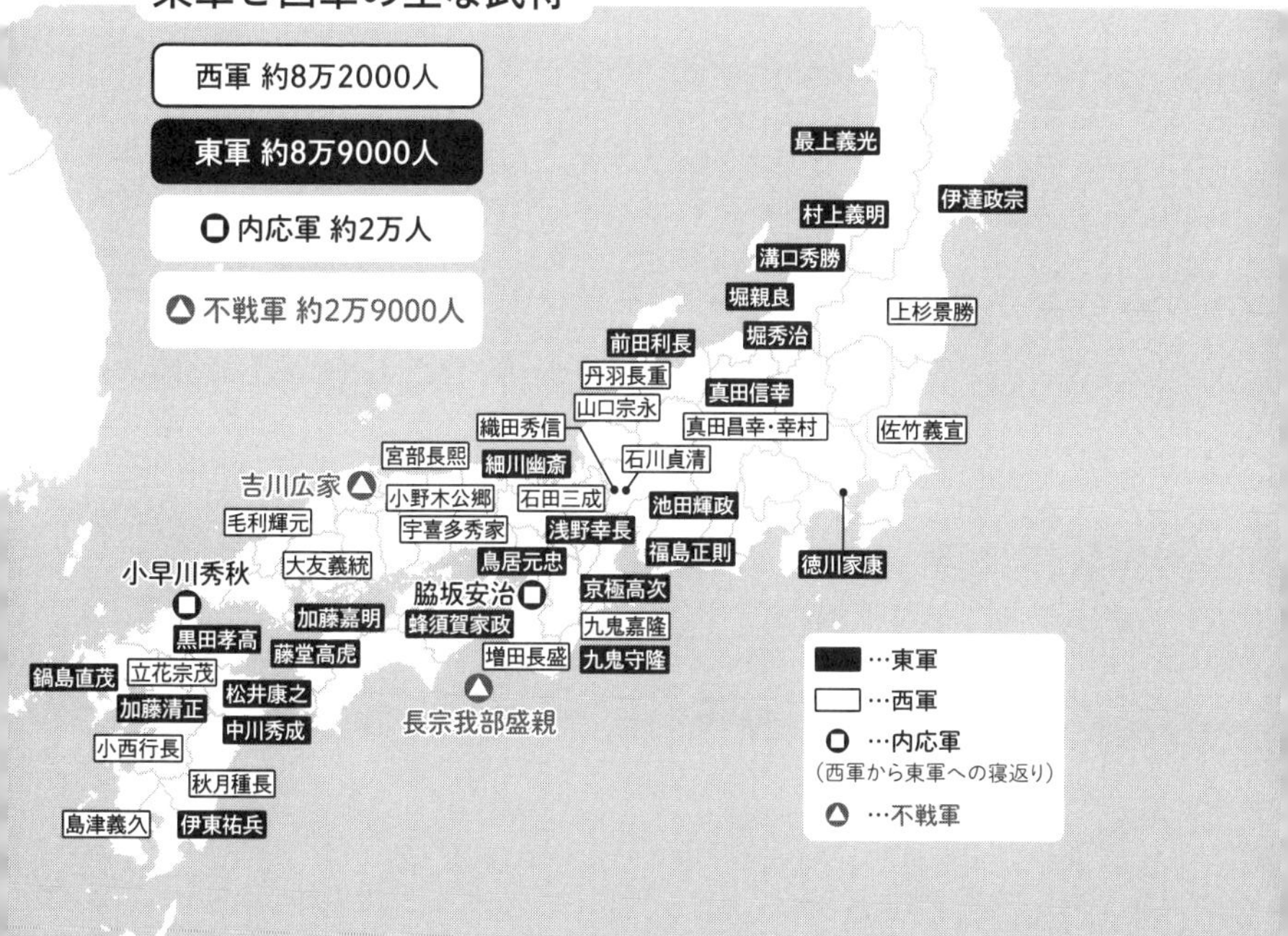

たから東軍が勝った」といわれますが、裏切り者の代表とされる小早川秀秋《こばやかわひであき》も、「開戦時にはすでに東軍に属していた」「もともと東軍の武将だった」などともいわれています。

とはいえ、結果的に三成が大敗し、家康の優位が決定したのは間違《まちが》いありません。家康は、さっそく自身に味方した勢力と敵対した勢力を峻別《しゅんべつ》し、戦後処理に奔走《ほんそう》します。

家康は一門（親戚《しんせき》）や譜代《ふだい》大名（古くからの家臣たち）だけでなく、直前で家康に味方した福島正則《ふくしままさのり》や加藤清正《かとうきよまさ》など豊臣家と密接な関係にあった外様大名《とざまだいみょう》たちにも恩賞を与《あた》えました。

一方、西軍の中心人物となった三成は処刑《しょけい》され、三成に味方した大名の多くは、改易（領地没収《ぼっしゅう》や身分剥奪《はくだつ》により、家を取り潰《つぶ》すこと）や大幅《おおはば》な領地削減《さくげん》を命じられました。さらに、直接戦闘《せんとう》には参加しなかったものの、豊臣家の領地も、約220万石から約65万石へと大幅《おおはば》に減少させました。

しかし、これで家康の時代が到来《とうらい》したかといえば、そうではありません。なぜなら、家康はあくまで関ヶ原の戦いやその戦後処理を、「豊臣家の家臣」という建前で実行しており、形式上はまだ豊臣家に従う必要があったからです。

私たちのイメージする戦国時代は「実力のある人が上位になる」という下剋上《げこくじょう》でしょう。確かに、こうした側面はあったのですが、一方で「下剋上をするための理由」も重視されました。つまり、いくら実力主義の時代とはいえ、なんの大義名分もなく主君を討つことは難しかったのです。

しかも、やっかいなことに豊臣家には「権威《けんい》」がありました。朝廷から「関白《かんぱく》」に任命されることで高い身分を誇《ほこ》り、彼らを慕《した》う勢力は数多く存在しました。その中には、関ケ原後に大きな力を得た、豊臣家と

西軍の主な大名の領地変化

石田三成	19万4000石 ➡ **改易のうえ斬首**
上杉景勝	120万石 ➡ **出羽国米沢 30万石**
毛利輝元	112万石 ➡ **長門国萩 29万8000石**
宇喜多秀家	57万4000石 ➡ **改易**
鈴木重朝	1万石 ➡ **改易**
立花宗茂	13万2000石 ➡ **改易**
真田昌幸	3万8000石 ➡ **改易**
長宗我部盛親	22万石 ➡ **改易**

親しい大名たちも含《ふく》まれており、もし家康が露骨《ろこつ》に豊臣家を滅《ほろ》ぼそうとすれば、彼らが豊臣家を守るため敵対する可能性もあったのです。

そこで、家康は豊臣家を滅ぼす以前に、自身の権威《けんい》を高め、徳川家が武士のトップとして君臨するためにさまざまな策を講じていきます。

まず、家康は朝廷から権威を保証されている豊臣家に並ぶ権威を得るべく、朝廷への働きかけを強めます。

1603年（慶長8年）、家康は朝廷より「征夷大《せいいたいし》将軍《ょうぐん》」に任命されました。征夷大将軍といえば、源頼朝《みなもとのよりとも》や足利尊氏《あしかがたかうじ》も任命された武家の最高峰《さいこうほう》の役職です。これにより豊臣家と並ぶ「格式」を手にし、豊臣家と徳川家という権威をもった武家が並立することになります。

そのころ、世界では？

1602年オランダで連合東インド会社設立

オランダでは、貿易を重視して国力を高めようと連合東インド会社が設立されました。この会社は「世界初の株式会社」ともいわれ、東南アジアへの進出を狙《ねら》ったものでした。日本との交流も、こうしたオランダの東南アジア政策の一環《いっかん》でした。

そして同年、ついに家康は「江戸幕府」を開き、自身が初代将軍に就任します。家康は幕府をつくって征夷大将軍になりたかったから関ヶ原の戦いを起こしたわけではなく、関ヶ原の戦いを起こした後、自身の権力を正当化するための手段として将軍職と幕府という制度を利用したのです。

つまり、家康にとって江戸幕府をつくることは「目的」ではなく「手段」だったのです。

"戦国再来"との戦い ―江戸幕府の成立―

江戸幕府を開いた家康は、それだけで満足はしませんでした。室町幕府の滅亡《めつぼう》後、織田信長や豊臣秀吉など天下人が入れ替わった「天下は持ちまわり」という風潮が蔓延《まんえん》していました。家康はこれを否定し、徳川家が代々権力を継承《けいしょう》していくことを示そうとします。

そのため、家康は将軍就任のわずか2年後の1605年(慶長10年)、将軍職を息子の徳川秀忠《ひでただ》に譲《ゆず》り、自身は徳川家が先祖代々守ってきた駿府《すんぷ》(現在の静岡県静岡市)の地に移住します。権力の継承が行われたことで、武家のトップは徳川家の子孫が継《つ》ぐことが明確になり、同時に「秀頼成長後は豊臣家に政権を返す」という憶測《おくそく》を打ち消しました。しかも、60代の家康はまだバリバリ現役。形式的な権力こそ江戸城の秀忠に譲りましたが、駿府の地で「大御所《おおごしょ》」として息子を補佐《ほさ》し、政治・経済・外交などを主導して実権を握《にぎ》りました。

1606年(慶長11年)には、家康は自ら上洛《じょうらく》して朝廷に「江戸幕府の推挙なく大名に官職を与《あた》えないように」とくぎを刺《さ》します。これは、朝廷と大名が幕府を介《かい》さず連携《れんけい》することを防ぐとともに、豊臣家を通じて朝廷から官職を得るルートを遮断《しゃだん》する狙《ねら》いもありました。

こうして権威《けんい》を奪《うば》われつつあった豊臣家の焦《あせ》りを見《み》越《こ》して、1611年（慶長16年）に家康は大坂城の豊臣秀頼《ひでより》を京都の二条城での面会に誘《さそ》いました。

敵意をあらわにする家康の行動は豊臣家で警戒《けいかい》され、秀吉《ひでよし》の側室で、彼《かれ》の死後、秀頼の生母として豊臣家で権力を握《にぎ》っていた淀殿《よどどの》はこの面会を渋《しぶ》ります。

最終的には片桐且元《かたぎりかつもと》や加藤清正《かとうきよまさ》、浅野幸長《あさのよしなが》といった秀吉恩顧《おんこ》の武将たちが秀頼を警護して面会に臨みました。秀頼の暗殺などの事件は起こらなかったものの、「家康が秀頼を呼び出して面会した」こと自体が家康

そのころ、世界では？

1613年ロシアでロマノフ朝が成立

ロシアでは、「雷帝《らいてい》」の異名を持つイヴァン４世のもとで専制政治の基礎《きそ》を固め、彼の死後に内紛《ないふん》を経てロマノフ朝が成立しました。江戸幕府とほぼ同時期に成立したロマノフ朝は、1917 年にロシア革命で崩壊《ほうかい》するまで約 300 年間続きました。

と秀頼の力関係を示しており、世間にも「徳川家は豊臣家より偉《えら》い」という印象が広まりました。

さらに、家康は後水尾《ごみずのお》天皇の即位《そくい》に合わせて在京していた諸大名を二条城に集め、

第1条、将軍秀忠の命令を守ること

第2条、命令に背いた人物をかくまわないこと

第3条、部下に反逆者や殺人者がいる場合、その者を雇《やと》わないこと

という三か条の誓約に署名させました。

これは大名たちに秀忠への忠誠を再認識させるとともに、牢人《ろうにん》（浪人《ろうにん》）を雇《やと》って反徳川の軍備を整えようとしている豊臣家をけん制する意味合いもありました。しかし、豊臣家の怒《いか》りは収まらず、両者の激突《げきとつ》は時間の問題となりました。

そして、両者の対立が決定的になる事件が起こります。1614年（慶長19年）、豊臣家は、かつて秀吉が奈良の東大寺《とうだいじ》に対抗《たいこう》しうる大仏を京都に造ったものの、地震《じしん》や火災によってダメージを負っていた「方広寺《ほうこうじ》」の再建を完了《かんりょう》しました。

当時は豊臣家といえども、大仏開眼の許可を幕府から得なければならず、秀頼は家康

から「鐘銘《しょうめい》（鐘《かね》に刻まれた文字列）」の提出を求められます。ここで提出された文言を見た家康は、「国家安康」「君臣豊楽」の文字が、「家康」の二文字を分断し、豊臣家の繁栄《はんえい》を願うものだと指摘《してき》。開眼供養の中止を求めました。

　鐘銘をわざわざチェックして反家康の要素を見つけ出したことから、一刻も早く豊臣家を滅《ほろ》ぼしたかった家康の「討伐《とうばつ》の大義名分づくり」と考えられるのが一《いっ》般的《ぱんてき》でしたが、近年では「当時の作法からすればこうした書き方をするのは豊臣側の挑発行為《ちょうはつこうい》と捉《とら》えられても仕方ない」という見解も見られます。

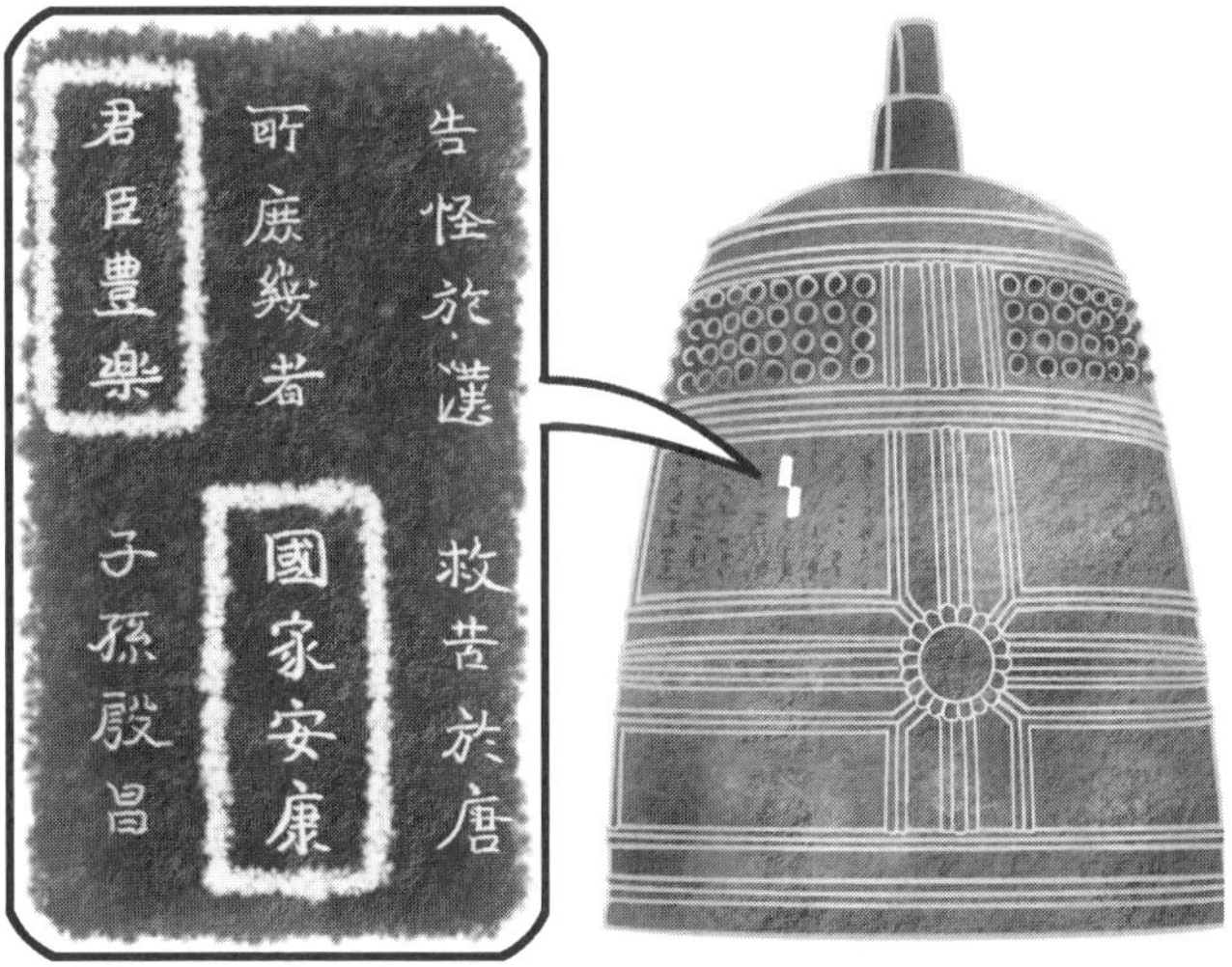

いずれにしても、この一件でついに均《きん》衡《こう》が崩《くず》れた両者は、それぞれ味方となる勢力を動員し、ここに「大坂冬の陣《じん》」が起きたのです。

豊臣に恩のある武将を含《ふく》め、日本中の兵力を動員した家康に対し、豊臣家の威《い》光《こう》があるとはいえ関ヶ原で敗れた牢人《ろうにん》たちを中心とする豊臣軍の不利は明らかでした。

しかし、堅固《けんご》な大坂城を拠点《きょてん》に、再興を目指す真田《さなだ》信繁《のぶしげ》（幸村《ゆきむら》）が築いた真田《さなだ》丸《まる》などの防御《ぼうぎょ》施設《しせつ》も機能し、家康は予想外の苦戦を強いられます。

家康はここで方針を転換《てんかん》し、いったん

大坂の陣《じん》の軍勢

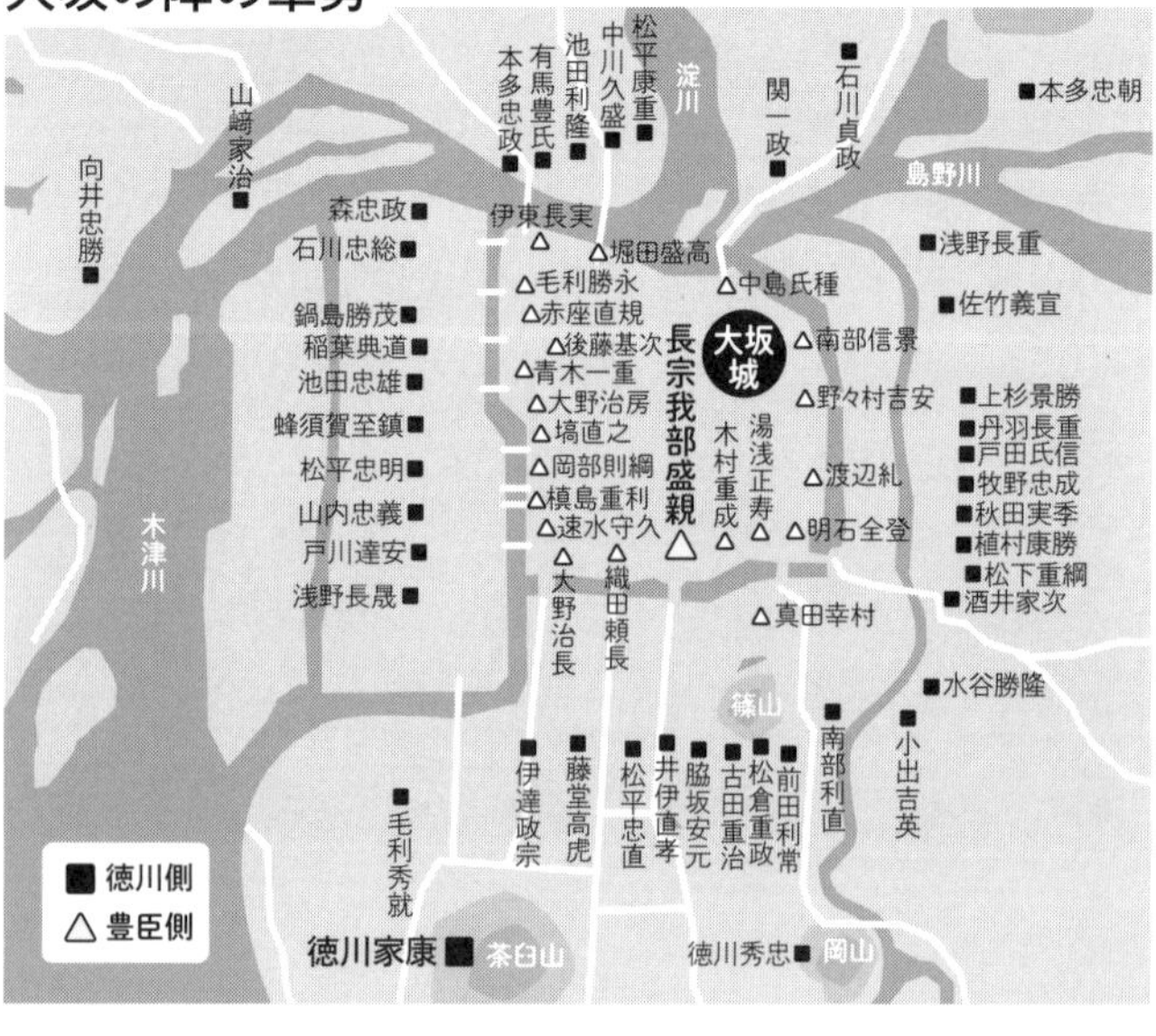

講和を結ぼうと画策しました。豊臣家も家康の勢力を脅威《きょうい》に感じていたため、話はスムーズに進み、講和条件が提出されるまでに至りました。

この条件について、豊臣家は「大坂城の外堀を埋める」ものと考えていましたが、家康は「大坂城の内堀も埋める」と解釈《かいしゃく》し、即座《そくざ》にすべての堀の埋め立てに着手しました。これにより大坂城は裸同然《はだかどうぜん》となり、約束を違《たが》えられた豊臣家は警戒《けいかい》を強めます。また、臨時に集められた牢人《ろうにん》たちは、戦が終われば再び居場所を失いかねないという懸念《けねん》も持っており、講和の破綻《はたん》は決定的となりました。

こうして、1615年（元和元年）に「大坂夏の陣」が始まりました。徳川方は15万の大軍でしたが、対する豊臣方の兵力は半数以下だったとされます。

大坂冬の陣では奮戦しましたが、今回は防御施設も失い、豊臣方が不利な状況でした。それでも真田信繁は、一時家康の本陣に迫る活躍を見せました。

しかし、多勢に無勢。大坂城の天守は焼け落ち、淀殿《よどどの》と秀頼も自害しました。ここに家康最大の脅威《きょうい》であった豊臣家は滅《ほろ》びたのです。

家康のやり方は少々強引に思えますが、戦国時代を生き抜《ぬ》いてきた彼は、ツメが甘《あま》くなることの危険性をよく分かっていたのです。

優秀《ゆうしゅう》な中継《なかつ》ぎ当主 ―徳川秀忠《とくがわひでただ》―

1615年（元和《げんな》元年）、幕府は主に西国の大名を中心に、「一国一城令」を発しました。これは、大名たちに「自身が住む居城以外の領内の城をすべて破棄《はき》せよ」と命じたもので、軍事拠点《きょてん》となる城を削減《さくげん》することによる軍事力の低下を狙《ねら》ったものでした。

また、翌年には幕府支配の基礎《きそ》となる「武家諸法度《ぶけしょはっと》」「禁中並公家諸法度《きんちゅうならびにくげしょはっと》」「諸宗諸本山法度《しょしゅうしょほんざんはっと》」など重要な法律を次々《つぎつぎ》と発布します。これらは、それぞれ「大名」「朝廷」「寺社」を幕府の管理下に置き、秩序立《ちつじょだ》てて徹底《てってい》した統制を図るためのものでした。

しかし、これらの法度が成立したこの年に、大御所《おおごしょ》として実権を握《にぎ》っていた家康が75歳《さい》でこの世を去りました。ここからは、形式的には将軍職にあったものの、あくまで父・家康の力を借りて政権運営をしていた第2代将軍・秀忠の力が試されることになります。

秀忠は、自身の補佐役《ほさやく》として、本多正純《ほんだまさずみ》・土井《どい》利《とし》勝《かつ》・安藤重信《あんどうしげのぶ》・酒井忠世《さかいただよ》の4人の「年寄《としより》」（のちの老中）を重用しました。彼らは全員秀忠よりも年上で経験豊富であったため、彼らを政権の中枢《ちゅうすう》に据《す》え、家康政治の継承《けいしょう》を目指したのです。

一方、秀忠も大きな課題を抱《かか》えていました。いくら数々の法度が成立したとはいえ、家康亡き後に家臣や大名、朝廷など諸法度の対象者たちに決まりを守らせられるかという問題です。

過去には、鎌倉《かまくら》幕府で初代将軍・源頼朝《みなもとのよりとも》が亡くなると、配下の御家人《ごけにん》たちが第2代将軍・源頼家《よりいえ》に反発、最終的に彼を伊豆《いず》へ幽閉《ゆうへい》して殺害しています。

このように、将軍がかわった途端《とたん》に家臣たちの反発を受け、将軍家の権力が揺《ゆ》らいだ前例を再現するわけ

そのころ、世界では？

1618年三十年戦争が幕を開ける

ドイツを中心に欧州各国が参戦した宗教戦争。ベーメン（チェコ北西部）の王による国民へのカトリック信仰《しんこう》強制への反発がきっかけとなり、旧教派と新教派の内戦が始まりました。その後、諸外国の勢力も入り乱れ、30年に及《およ》ぶ戦いへと拡大します。

にはいきません。そこで、秀忠《ひでただ》はたとえ身内の徳川一門にも容赦《ようしゃ》せず、徹底的《てっていてき》な処罰《しょばつ》を加えます。

先の大坂の陣《じん》にて、徳川一門で秀忠の異母弟である松平忠輝《まつだいらただてる》は合戦に遅参《ちさん》して軍功を挙げられなかったばかりか、彼の家臣が大坂へ向かう道中で秀忠の旗本である長坂信時《ながさかのぶとき》らを殺害するという事件を起こし、家康の怒《いか》りを買っていました。

秀忠にとって忠輝は弟で、彼自身もかつて関ヶ原の戦いで戦場に遅参し、家康の怒りを買った過去があります。十分に同情の余地はありました。

しかし、秀忠は彼を許しませんでした。忠輝は改易されて領地を失い、伊勢《いせ》（現在の三重県）へ流罪を命じられます。家康の遺志を継《つ》ぎ、たとえ一門であっても処罰の手を緩《ゆる》めない姿勢は、他の大名たちを震《ふる》え上がらせました。

続いて、１６１９年（元和５年）、家康の代から活躍《かつやく》していた外様大名・福島正則《ふくしままさのり》を武家諸法度違反《いはん》を理由に改易処分としました。罪状は禁止されていた居城・広島城の無断修繕《しゅうぜん》で、事を穏便《おんびん》に済ませようとしていた家臣たちの意向を押《お》し切って決行された処分でした。ここに、秀忠の徹底した姿勢が見られます。

さらに、1622年（元和8年）には御《お》家騒動《いえそうどう》を起こした最上《もがみ》家を改易し、その処分遂行《すいこう》のため山形へ向かった重臣の本多正純を突如《とつじょ》改易。そのまま幽閉《ゆうへい》するという事件が発生しました。

処分理由は2点と考えられています。1つは、1619年の福島正則の改易処分の際、正純が「彼《かれ》を慕う大名たちが10人は反発する」と、秀忠に進言していたことです。秀忠はこれを受け入れず、正則の改易を実行。しかもこの進言は自分への脅迫《きょうはく》と解《かい》釈《しゃく》し、根に持っていました。2つめは、秀忠から与えられた宇都宮（栃木県）の地を「私には良すぎるから」と返上しようとし

秀忠に処分された主な人物

松平忠輝	伊勢朝熊《あさま》（現在の三重県伊勢市）に流刑。
松平忠直	豊後萩原（現在の大分市）に流刑。
福島正則	芸備2国を没収。信濃川中島と越後魚沼郡4.5万石に移され信濃高井野に蟄居。
本多正純	秋田由利（現在の秋田県由利本荘市）に幽閉。

たことが気に入らなかったからといいます。

　この一件の後、自身の異母兄にあたる松平忠直《ただなお》にも流罪を言い渡《わた》すなど、一門から外様大名まで、自身の地位を脅かす人物たちを処断し続けました。その後は、自身の役割にひと段落をつけ、すでに次期将軍としての地位を約束されて政治に参加していた家光と連携《れんけい》して政治を行うようになります。

　1623年（元和9年）、秀忠は将軍職を家光に譲《ゆず》り、父と同じく大御所として実権を握《にぎ》りました。ただし、家康が駿府に移ったのに対し、秀忠は江戸城内で

大御所政治を行いました。

秀忠は娘《むすめ》の和子《かずこ》を後水尾《ごみずのお》天皇と結婚《けっこん》させるなど、幕府と朝廷の融和《ゆうわ》を進める一方、「禁中並公家諸法度」に代表される朝廷の統制も行いました。

しかし、1627年（寛永《かんえい》4年）には、後水尾天皇が幕府に無断で僧侶《そうりょ》に紫衣《しえ》（位の高い僧が着る紫色の衣装）の着用を許したのに対し、幕府はこれを違反《いはん》として出世の無効を言い渡《わた》しました。こうした幕府の方針に不満を持った後水尾天皇は在位し続ける気力をなくし、突然《とつぜん》の譲位《じょうい》を発表したのです。

この事件は「紫衣事件《しえじけん》」といわれ、幕府と朝廷の関係を揺《ゆ》るがしました。

秀忠の徹底《てってい》的な統制・処罰《しょばつ》は、裏切りへの警戒心《けいかいしん》が強すぎたためともいわれます。

しかし、法律の厳格な運用は、「武力解決」の戦国時代へ戻《もど》ってしまうことを防ぐためには必要で、不安定な戦国時代を見て育ち、自分への権力継承《けいしょう》に四苦八苦した父・家康を見ていた秀忠は、あくまで父の遺志を引き継《つ》いで幕府政治の安定化を図ることを重視し、いぶし銀の働きを見せたともいえます。

これまで、江戸幕府を開いた将軍の家康と、生まれながらの将軍・家光に挟まれた将軍・秀忠は、あまり評価されませんでしたが、秀忠の働きは近年、「江戸幕府の礎《いしずえ》を築いた」と改めて評価されています。

生まれながらの将軍 ―徳川家光《いえみつ》―

江戸幕府第3代将軍・徳川家光は、秀忠の次男として生まれました。長男は2歳《さい》で亡くなっており、家光には十分後継者《こうけいしゃ》となる資格がありました。

しかし、秀忠とその妻・江《ごう》は、家光の弟の国千代《くにちよ》を可愛がり、一時は家光の将軍就任が危ぶまれました。不利な立場になった家光ですが、乳母・春日局《かすがのつぼね》と、祖父・家康の一声で将軍に内定したという話が残されています。

1623年（元和9年）に将軍に就任し、1632年（寛永9年）の父・大御所秀忠の死をもって本格的《ほんかくてき》な家光の政治がスタートしました。

従来、家光は「生まれながらの将軍」として、華々《はなばな》しい活躍《かつやく》が後世に伝えられてきました。有名なエピソードに、江戸城に大名たちを集めて「父や祖父はあなたたちと肩《かた》を並べて戦った。しかし、私は生まれながらの将軍だからあなたたちを家来として扱《あつか》う。不満があるなら、国に帰って戦の準備をして構わない」と言い放ち、大名たちを震《ふる》え上がらせたというものがあります。

実際、家光は多くの功績を残しました。秀忠の時代に権力を得た「年寄」など将軍を補佐《ほさ》する役職の統合や再編・強化を行い、官僚《かんりょう》システムを整備。「武家諸法度（寛永令）」を再度発し、参勤交代を制度化しました。

ほかにも、大名や旗本に系図の提出を命じ、1643年（寛永20年）に『寛永諸家系図伝《かんえいしょかけいずでん》』としてまとめています。1644年（正保《しょうほう》元年）には全国の国絵図や城絵図、村高（土地の生産力）を知るための郷帳《ごうちょう》を提出させ、把握《はあく》に努めました。

そのころ、世界では？

1644年明《みん》が滅亡《めつぼう》して清《しん》王朝へ

当時の明は北方の後金《こうきん》や南方の倭寇《わこう》に悩《なや》まされ、政治も停滞《ていたい》し危機的状況《じょうきょう》に陥《おちい》っていました。重税と飢《き》餓《が》による反乱が頻発《ひんぱつ》、農民たちを率いた李自成《りじせい》により明は滅《ほろ》ぼされました。しかし自成も倒され、「清」と名を変えた後金が中国全土を支配していきます。

しかしながら、同時に家光の政治には多くの課題もありました。

まず、家光は秀忠や家康の比ではないほど、将軍にすべての権力を集中させようとしました。これは先ほどの「父や祖父は……」というエピソードに示された負の側面で、彼の政治は「専制政治」化したのです。

代替《だいが》わり後の1632年（寛永9年）には熊本藩主《くまもとはんしゅ》・加藤忠広《かとうただひろ》の改易に始まり、目付《めつけ》や大目付《おおめつけ》と呼ばれる幕臣を用いて旗本や諸大名を厳しく監視《かんし》しました。これは「御代始《おだい》めの御法度《ごはっと》」といわれます。

また、家光はキリシタンを弾圧《だんあつ》しました。家康や秀忠もキリシタン弾圧には前向きで、宣教師たちはことごとく国外追放や処刑《しょけい》の憂《う》き目に遭《あ》いましたが、他方キリシタンは、目立たない限り積極的に罰《ばつ》しませんでした。こうした方針により、表向きは、江戸幕府からキリシタンが消えていったのです。

このように家光の専制的な支配が確立される一方で、彼は非常に病弱で、ひとたび病気をするとたちどころに政務が滞《とどこお》るという問題も抱《かか》えていました。

将軍依存《いそん》の非効率的な体制を問題視した家光は、将軍不在でも行政が行えるよう官《かん》僚《りょう》システムを整備します。1638年（寛永《かんえい》15年）、自身が不在でも側近たちが諸役人を統括《とうかつ》し、政治を円滑《えんかつ》に回すための制度「老中制」を導入し、以後の幕府で老中の力が増すきっかけを作りました。

　全体として、家光は将軍権力の専制化と中央集権化に貢献《こうけん》したといえます。家康を神とあがめ、日光東照社の建立に全力を注いだことも、これを支えました。建立費用はすべて幕府が出し、大名たちを従え10回も社参し、自分の遺骸《いがい》は東叡山寛永寺《とうえいざんかんえいじ》（東京都台東区）に安置後、家康と同じく日光に葬らせたほどでした。

　すべての政策について、賛否の分かれる将軍でもありました。

column 1

江戸《えど》時代の〝不良〟

世の中のあり方に異を唱え人気を博した「かぶき者《もの》」

戦国時代が終わり、江戸時代に入ると、世の中は少しずつ「平和」に向かいます。しかし、そんな時代に異を唱えた〝不良〟たちが現れます。彼《かれ》らの名は「かぶき者」。

かぶき者とは、真っすぐなものが斜《なな》めに傾《かたむ》くことを語源とし、豪華《ごうか》な襟《えり》のついた服《ふく》を着《き》て、派手《はで》な髷《まげ》を結い、髭《ひげ》をたくわえ、太《た》刀《ち》や長脇差《ながわきざし》をさすなど、異形《いぎょう》な服装で街を練り歩く者たちでした。

かぶき者は派手な服装で社会のあり方に異を唱え、当時は絶対の価値観だった「主従関係」を重視せず、戦国時代の下剋上《げこくじょう》の論理を持ち、仲間たちとの繋《つな》がりを大切にしました。

慶長《けいちょう》年間（1596年~1615年）にかぶき者となった人々は、貧しい武家奉公《ほうこう》人（武士に仕えた雑用係）が中心でしたが、

町のかぶき者

幡随院長《ばんずいいんちょう》兵衛《べえ》は、かぶき者と呼ばれた町奴の頭領といわれ、旗本奴の水野十郎左衛門と争い殺害された。歌舞伎にも多く登場する。

歌川国芳「国芳もやう正札附現金男」より『幡随長兵衛』

寛永《かんえい》年間（1624年〜1644年）になると、武士や町人など、様々な社会階層のかぶき者が出現しました。旗本の奉公人「旗《はた》本奴《もとやっこ》」と、町家の奉公人「町奴《まちやっこ》」の対立は、社会の話題となりました。

異形で社会に異を唱えたかぶき者たちは、大衆には嫌われつつも、一方で魅了《みりょう》し、芝居《しばい》や講談、踊《おど》りの世界で取り上げられるようになりました。

しかし、かぶき者は残虐《ざんぎゃく》で乱暴な行為《こうい》を繰り返し、幕府の治世を乱すとして、家綱《いえつな》政権下の1651年（慶安《けいあん》4年）に一斉《いっせい》検挙が行われました。こうした幕府の統制により、かぶき者たちは姿を消していきます。

ただの禁教令ではない？ ーキリシタン弾圧《だんあつ》ー

日本にキリスト教が伝来したのは、1549年（天文《てんぶん》18年）のイエズス会宣教師フランシスコ・ザビエルの来日がきっかけとされます。その後もアジアへの進出に力を入れていたイエズス会宣教師たちが日本を訪れ、キリスト教を布教しました。

キリスト教は九州を中心に広く普及《ふきゅう》しますが、布教成功の理由は「大名たちがキリスト教の精神に共感した」というだけでは説明できません。そもそも彼らが布教を許した背景には、ポルトガルやスペインなどヨーロッパの国々との貿易がありました。

1543年（天文12年）、九州の種子島《たねがしま》（現在の鹿児島県）にポルトガル人が来航し、領主の種子島時尭《ときたか》は、彼《かれ》らの所持していた「鉄砲《てつぽう》」に注目します。彼はすぐさま鉄砲を買い付けると、戦況《せんきょう》を一変させる新兵器は瞬《また》く間に日本中へ広まっていきました。

やがてヨーロッパとの貿易の魅力《みりょく》が大名たちに認識され、熱心な信者にはならなかった大名たちも貿易を希望し、宣教師たちを仲介者《ちゅうかいしゃ》として「南蛮《なんばん》貿易」をスタートさせたのです。

こうした背景から「貿易と布教」はセットで認められていたのですが、豊臣秀吉の時代になると状況《じょうきょう》が変わります。秀吉は南蛮《なんばん》貿易を促進《そくしん》する一方、キリスト教の広がりを警戒《けいかい》し1587年（天正《てんしょう》15年）「バテレン（宣教師）追放令」を出して禁教を宣言しました。

豊臣家から政権を奪取《だっしゅ》した徳川家康も基本は同じです。しかし、この頃《ころ》になると、貿易制限の動きも見られ、同じキリスト教国家でも、布教を重視したポルトガルやスペインのカトリック国家ではなく、宗教と貿易の切り離《はな》しに前向きだったオランダやイギリスとの国家との貿易に切り替《か》えていきました。

それでも、スペインやポルトガルがカトリ

南蛮から渡来した品物

食品・嗜好品

- カステラ
- 金平糖
- タバコ
- 天ぷら

服飾品

- 靴
- 眼鏡
- 帽子
- 合羽

日用品

- ギヤマン
- カルタ

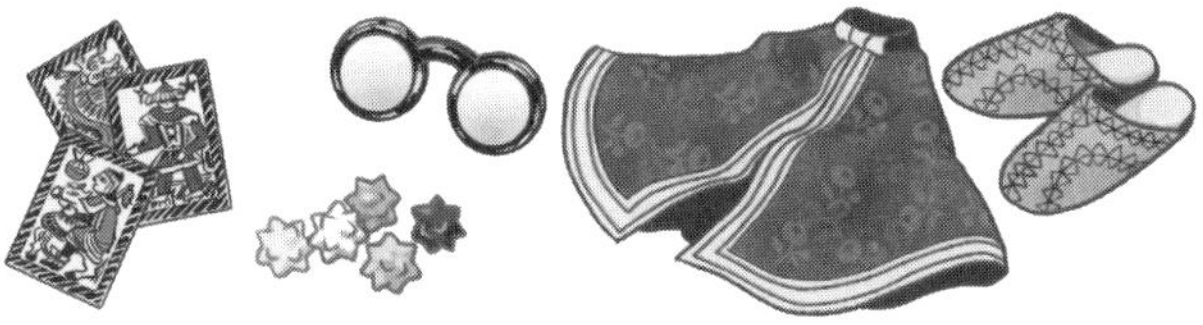

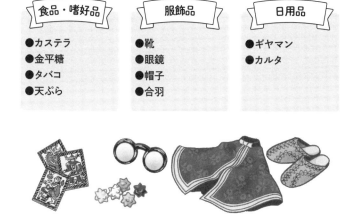

ックの布教にこだわった理由は、従来ヨーロッパで絶対的な権力を確立していたカトリックが、ルターの「宗教改革」に代表される改革運動で危機に瀕《ひん》していたからです。カトリック側も現状を打破するべく「対抗《たいこう》宗教改革」を敢行《かんこう》し、スペイン軍人のイグナティウス＝ロヨラや、ザビエルらが発足させたイエズス会を中心に、アメリカ大陸やアジアなど世界各地での布教を重視し、信者獲得《かくとく》を目指したのです。

つまり、カトリックは「貿易さえできればＯＫ」というわけではありませんでした。秀忠も引き続きカトリック国家との貿易制限や禁教を進めました。ただし、禁教については、「隠《かく》れて信仰《しんこう》する分には黙認《もくにん》する」という方針であり、キリスト教対策自体にそれほど関心がなかったともいわれます。

しかし、先ほども見たように家光の時代になると、禁教は一気に加速します。

そして禁教が決定的になった事件が、１６３７年（寛永14年）に発生した島原《しまばら》・天草《あまくさ》一揆《いっき》でした。

島原（現在の長崎県島原市）の地はかつてキリシタン大名だった有馬《ありま》晴信《はるのぶ》が治めており、領内には広くキリスト教が普及《ふきゅう》していました。しかし、やがて領主が松倉勝家《まつくらかついえ》にかわると、新領主の重税や禁教などの弾圧《だんあつ》に苦しめられるようになりました。一揆の原因としては、重すぎる年貢《ねんぐ》への不満であるという見方が有力です。

こうした反乱を起こした島原の民に加え、天草（現在の熊本県天草市）でも一揆が勃発。幕府も対応に追われ、現場指揮官として板倉重昌《いたくらしげまさ》と石谷貞清《いしがいさだきよ》を派遣《はけん》します。

幕府の動きから結集の必要性を察知した天草四郎《しろう》を中心とする一揆軍は、拠点《きょてん》として原城《はら》を選んで籠城《ろうじょう》しました。幕府軍も九州の諸藩を動員した幕藩《ばくはん》連合軍で原城を攻《せ》めますが、戦況《せんきょう》は膠着《こうちゃく》して指揮官の重昌は焦《あせ》りました。

家光からは「幕府側の損害を出さないように」と命じられていましたが、攻略《こうりゃく》に手間取った結果、幕府から追加の指揮官として松平信綱《のぶつな》と戸田《とだ》氏鉄《うじかね》の派遣《はけん》が決まりました。「早く攻《せ》め落とさないと立場がない」。重昌はそう思ったのでしょう。結果、無謀《むぼう》とも思える総攻撃《こうげき》を仕掛《しか》けて討ち死にしてしまいました。

その後、信綱と氏鉄は兵糧攻《ひょうろうぜ》めに切り替《か》え、城内の兵が弱ったところを総攻撃してようやく落城させました。

一揆《いっき》勢は皆殺《みなごろ》しに遭《あ》いましたが、幕藩《ばくはん》側にも大量の死傷者が出たため、反乱の原因を作った松倉勝家《まつくらかついえ》は処刑《しょけい》されるなど、双方《そうほう》に大きな影響《えいきょう》が出ました。

家光はこの一揆を重く受け止め、諸大名に徹底《てってい》した禁教を命じたため、歴史の表舞台《おもてぶたい》からキリシタンは姿を消しました。

ただし、五島《ごとう》列島（現在の長崎県）や天草地方には、島原・天草一揆の後も、表向きは仏教徒を装い、密かにキリスト教由来の信仰を続ける「潜伏《せんぷく》キリシタン」となった人たちは多くいました。

禁教に至る流れは以上ですが、何度も触《ふ》れたように禁教を語るうえで「貿易」というキーワードは欠かせません。そして、この禁教と同時期に貿易規制も大幅《おおはば》に強化され、いわゆる「鎖国《さこく》」体制へと変わっていくのです。

そのころ、世界では？

1640年清教徒革命が勃発《ぼっぱつ》する

イギリス国王チャールズ１世は、議会を無視した専制政治を行っていましたが、やがて国王の政治をめぐる対立から王党派と議会派による内戦が勃発。最終的に議会派のクロムウェルが勝利し、国王を処刑《しょけい》して共和政を樹立しました。

では、続いて「鎖国」への道のりを見てみましょう。

本当に国を閉じたのか ―「鎖《さ》国《こく》」の真実―

古くから日本は東アジア諸国と貿易を行ってきましたが、ヨーロッパ諸国との貿易は「南蛮《なんばん》貿易」とよばれました。ここまでの内容は学校でも習うものですが、そもそもなぜヨーロッパの国々は「日本」と貿易を行ったのでしょうか。

当時は大航海時代で、新たな貿易拠点《きょてん》と布教地域を探して、ヨーロッパ諸国は、アジアへ進出してきました。日本のすぐ近くには、東アジア世界の覇者《はしゃ》の「明《みん》」があり、わざわざ日本と貿易する理由が弱いようにも感じられますが、肝心《かんじん》の明は、諸外国との貿易を大幅《おおはば》に制限する「海禁政策《かいきんせいさく》」をとり、自由な貿易が難しかったのです。

しかし、単に消去法で日本と貿易していたわけではありません。当時の日本は、石見《いわみ》銀山をはじめとする銀山の産出量が飛躍的《ひやくてき》に増加しており、ヨーロッパ諸国が求めた「大量の銀」がありました。

日本はこれらの銀を輸出していたので、ヨーロッパ諸国も喜んで貿易に乗り出したのです。

　ところが、先ほども見たように家康の時代になると貿易を制限する流れが生まれます。

　当時の日本は東南アジア各地との貿易量が増えており、家康はさらなる貿易収入の拡大を目的に「朱印船《しゅいんせん》貿易」を促進《そくしん》させました。この時代は明を海禁政策に追いやる原因となった「倭寇《わこう》」と呼ばれる海賊集団が密貿易を行っており、家康には密貿易による利益流出を防ぐ狙《ねら》いもあったと考えられます。

　朱印状があれば貿易できましたが、やがてキリスト教の禁教策を講じる上で、さらに強

当時の主な銀山

力な貿易制限の必要性に直面し、１６１６年（元和《げんな》２年）にポルトガル船は長崎、オランダ・イギリス船は平戸《ひらど》（現在の長崎県）で管理すると決定しました。オランダ・イギリス船に比べて、ポルトガル船への制限が緩《ゆる》かった秀忠の時代が終わると、家光は次々と貿易制限策を打ち出します。

まず、１６２３年（元和９年）にポルトガル人航海士の雇用《こよう》を禁じ、同年にはイギリスも日本との貿易から撤退《てったい》しました。翌年にはスペイン船の来航と通商を禁止しています。

さらに、１６３３年（寛永10年）には幕府が発行する奉書《ほうしょ》を持った船以外の海外来航を禁止し、１６３５年（寛永12年）には日本人の海外来航と帰国を禁じました。そして翌年にポルトガル人を長崎の出島《でじま》に移すと、島原・天草一揆の影響《えいきょう》を受けて１６３９年（寛永16年）にポルトガル人との貿易を禁止。１６４１年（寛永18年）にオランダ人を出島に移し、いわゆる「鎖国《さこく》」体制が完成しましたが、日本はその後も貿易を続けます。

まず、オランダや中国とは、長崎を拠点《きょてん》に貿易を継続《けいぞく》しました。オランダが貿易相手に選ばれた理由は、布教に積極的でなかったことに加え、スペインやポルトガルが当時オランダに東アジア貿易で敗れつつあった事情があります。つまり、オランダは〝貿易戦争〟に勝ったのです。

次に、対馬《つしま》を拠点に朝鮮《ちょうせん》と貿易しました。古来より対馬は朝鮮との窓口となり、文《ぶん》禄《ろく》・慶長《けいちょう》の役《えき》を経て江戸時代には関係が改善されます。対馬藩主《はんしゅ》の宗氏《そうし》は国交回復に尽《じん》力《りょく》し、朝鮮から定期的に通信使が送られるまでになりました。

最後に、薩摩《さつま》で琉球《りゅうきゅう》王国と、松前《まつまえ》（現在の北海道）でアイヌの人々と貿易しました。ただし、これらの貿易は対等なものではなく、薩摩藩と松前藩の武力を背景に、強引に進められるものでした。

日本の長崎・対馬・薩摩・松前を拠点《きょてん》とした「４つの窓口」を経由する貿易は、江戸時代の基本的《きほんてき》な貿易ルートになり、幕末まで継続《けいぞく》されました。

近年では幕府の貿易体制、つまり鎖国体制は幕府特有のシステムではなく、明が実施《じっし》していた「海禁《かいきん》」と同じという根拠《こんきょ》から、鎖国ではなく海禁と呼ぶべき、という説もあります。

幕府の貿易体制を鎖国と呼ぶか、海禁と呼ぶかは、貿易体制の評価によって今なお研究者の間でも見解が分かれています。

いずれにしても、かつての「鎖国＝閉《へい》鎖《さ》的《てき》、後進的」というイメージは大きく変化しています。鎖国体制では貿易に制限をかけましたが、現在のように「自由貿易」の理念が生まれたのは、世界的には18世紀の後半であり、重商主義によって貿易を成功させたイギリスやフランスも当然のように「保護（制限）貿易」を実行しています。

また、国の行き来の制限については、現代社会でも出入国を管理する「パスポート」のシステムは定着しており、国が国民の出入国を管理した鎖国体制のあり

鎖国時代の４つの窓口と対外関係

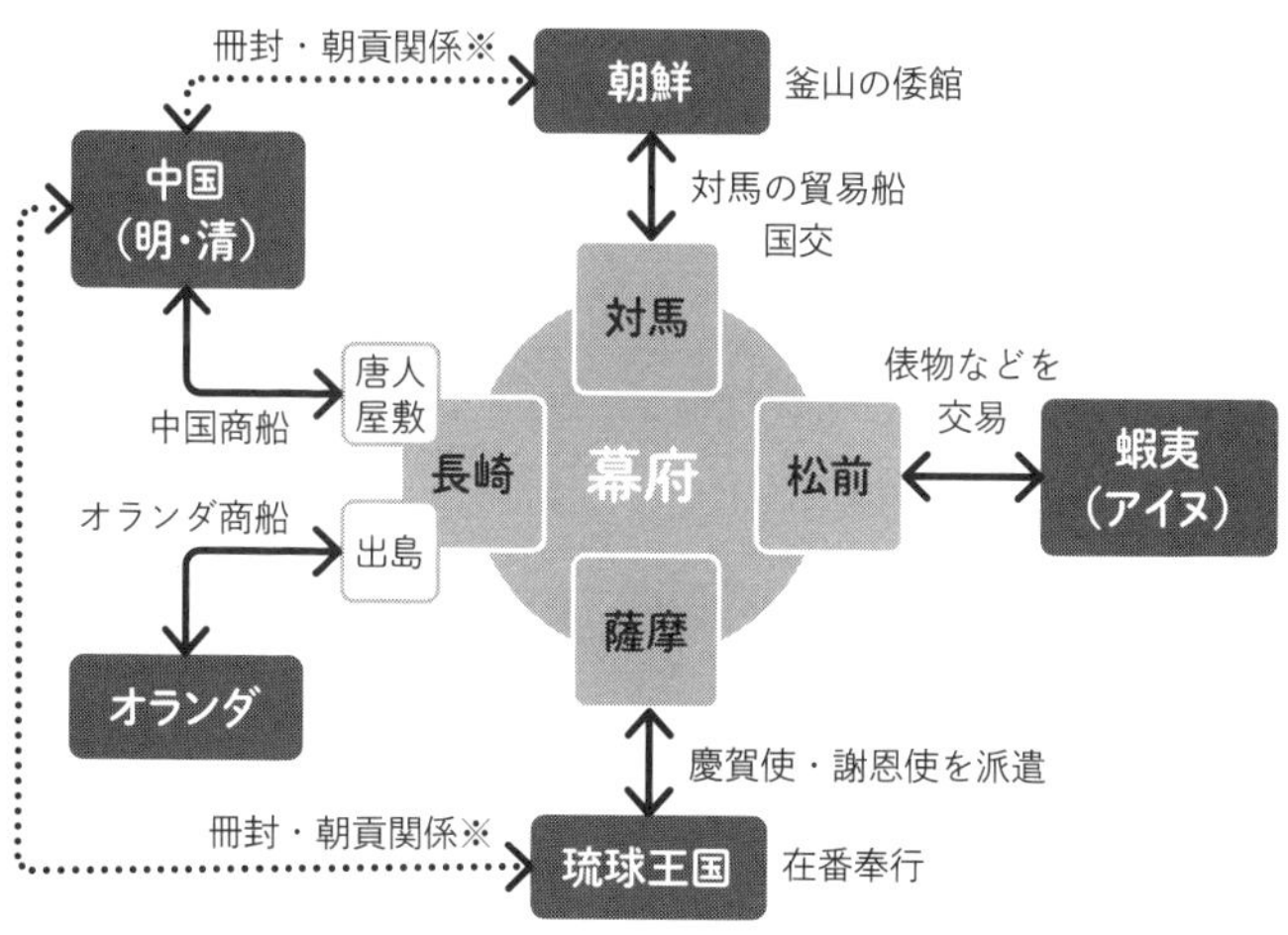

※冊封・朝貢関係：中国を中心とする国際関係

方は、近代的ともいえます。

つまり、幕府の体制は遅《おく》れているどころか近代世界のトレンドに準じており、良くも悪くも特別なものではなかったのです。

「防災都市」を造るために　―首都・江戸の成長―

家康が江戸へ入る以前、江戸は小田原北条氏の支城のある寒村とされてきました。近年では、江戸が関東の流通拠点《きょてん》だったことが明らかになっていますが、それでも強大な権力者だった家康の政治拠点としては小規模なものでした。

関東には武士の都として崇拝されていた鎌倉や、北条氏の本拠として栄えていた小田原がありました。家康があえて江戸を選んだ理由には、秀吉の命令があったともいわれます。しかし、江戸は小田原や鎌倉に比べて関東の中心に位置し、中世を通じて政治・経済・文化の中心としても発展していました。結果的に、家康の選択には合理性があったのです。

家康は家臣たちに命じて急ぎ体裁を整え、江戸城の普請《ふしん》と城下町の形成に取り組みました。

突貫《とっかん》工事で、関東支配の拠点として機能するようになった頃《ころ》、家康は関ヶ原の戦いで勝利し、江戸の地に幕府を開きました。

これは、江戸が単なる関東支配の拠点ではなく、全国支配の拠点である「首都」になったことを意味します。

そこで家康は、これまで家臣や領民たちに任せていた普請の方法を変更し、諸国の大名たちを動員して「天下普請《てんかぶしん》」と呼ばれる大規模な工事を実施《じっし》。江戸城下

江戸の都市の概念図

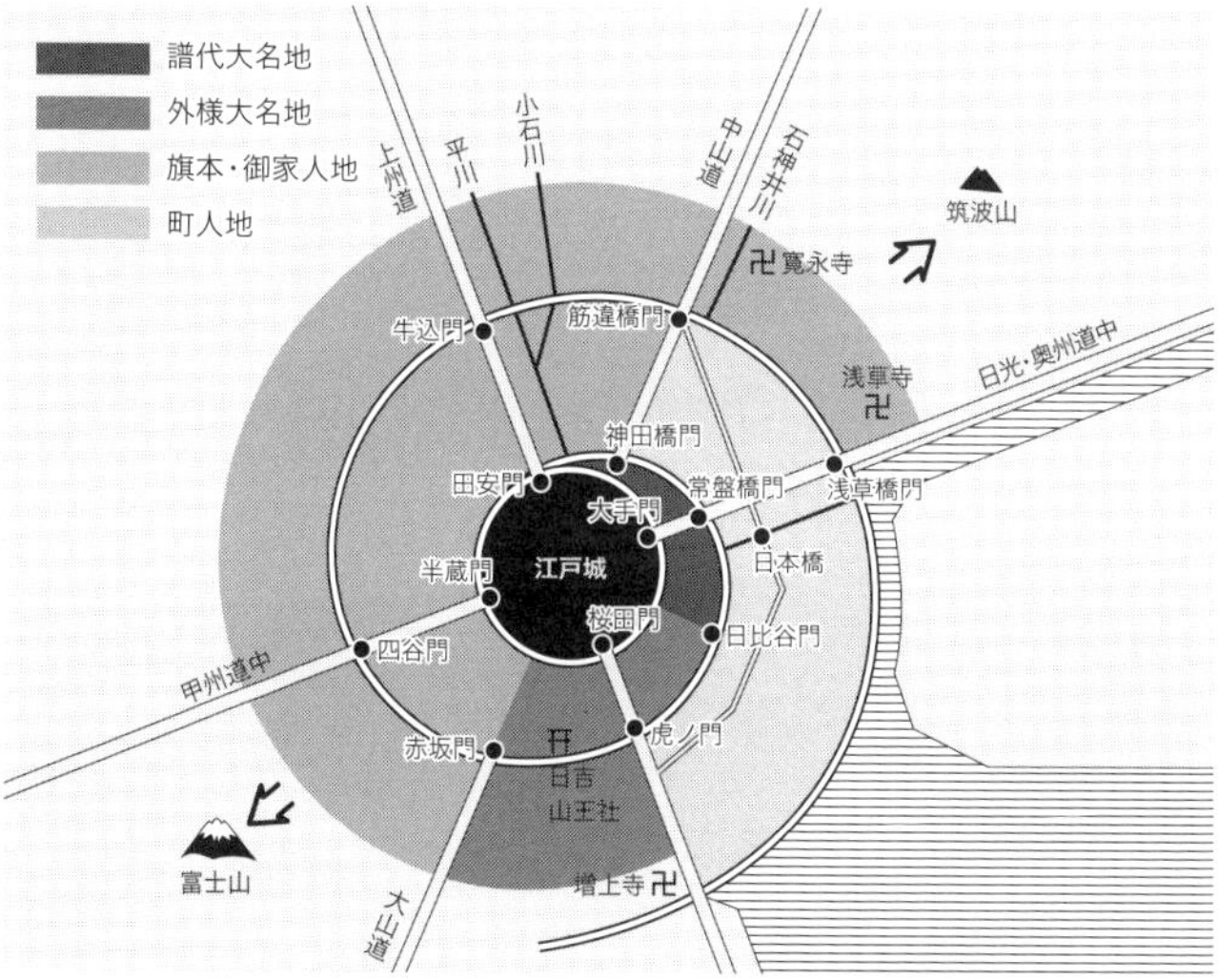

町をさらに拡大・整備するとともに、天守閣の建築や日本橋《にほんばし》の架橋《かきょう》などを進めました。

こうした普請は大名たちをかなり疲弊《ひへい》させましたが、江戸は飛躍的《ひやくてき》に発展しました。整備は、秀忠、家光の時代にも引き続き進められ、現在でもよく知られる有楽町《ゆうらくちょう》・番《ばん》町《ちょう》などの町名は、この時代に武家地の整備が進み、多く建築された武家屋敷《やしき》に由来します。現在でも寺格を誇《ほこ》る寛永寺《かんえいじ》（台東区）などの寺院も、江戸前期に建立されました。

一方、都市が発展するためには「周辺からのアクセスの良さ」も欠かせません。人の行き来にしても、交易にしても、街道を整備する必要がありました。

そこで家康は、今でも交通の幹線として知られる東海道《とうかいどう》・中山道《なかせんどう》・奥州街道《おうしゅうかいどう》・甲州街《こうしゅうかい》道《どう》・日光街道《にっこうかいどう》の「五街道」を整備し、道中には宿場や一里塚を配置して利便性を高める一方、街道を幕府が管理して江戸の出入りを厳しく監視《かんし》しました。

しかし、1657年（明暦《めいれき》3年）、順調に整備されていた江戸を揺《ゆ》るがす大災害が起きます。

この年の1月18日、現在の文京区にあった本妙寺《ほんみょうじ》から火の手が上がり、火は強風の煽《あお》りを受けて本郷《ほんごう》や湯島《ゆしま》（文京区）、駿河台《するがだい》（千代田区）などへ広がりました。火は、さらに神田《かんだ》（千代田区）や日本橋方面（中央区）へも燃え広がり、町人街を焼き尽《つ》くしていきました。

これだけでも十分悲惨《ひさん》な火災ですが、さらなる悲劇が待っていました。翌日になると、今度は小石川《こいしかわ》（文京区）の与力《よりき》の宿舎から出火し、火は水戸藩邸《はんてい》からついに江戸城内まで燃え広がりました。

江戸城は天守や二の丸、三の丸が焼けるという大打《だ》撃《げき》を受け、家光の時代に整備された周辺の大名や旗本の屋敷《やしき》も焼き尽くされました。

その後、現在の千代田区からさらに出火。日比谷《ひびや》や芝《しば》など港区にまで被害《ひがい》が出ています。三度の火災を経て、ようやく火の手は収まりました。

この火災は後に「明暦《めいれき》の大火《たいか》」と呼ばれ、江戸に与《あた》えた被害は甚大《じんだい》でした。

そのころ、世界では？

1661年ルイ14世が親政を開始

国内の混乱を収めたフランス王家では、22歳《さい》の国王ルイ 14 世が親政を開始しました。絶対的な権力で国を支配したルイ 14 世は「太陽王」と呼ばれ、ヴェルサイユ宮殿《きゅうでん》を建築したことでもよく知られています。

１６０ほどの藩邸《はんてい》、７７０ほどの旗本屋敷《やしき》、３５０ほどの寺社、４万８０００ほどの民家が焼失したとされ、被災地《ひさいち》は当時の江戸市中の60％におよびました。

明暦の大火以後、幕府は城や街の姿を大きく変えていきます。

まず、焼け落ちた江戸城の天守は再建せず、城内に防火用の空き地を作るために御三家や諸大名の屋敷《やしき》を城外へと移します。また、諸大名には避難《ひなん》用の下屋敷を与えました。

また、幕府は江戸市中に延焼防止用の広小路・火除地《ひよけち》・火除堤《ひよけづつみ》などを整備し、防災都市をめざします。

明暦の大火

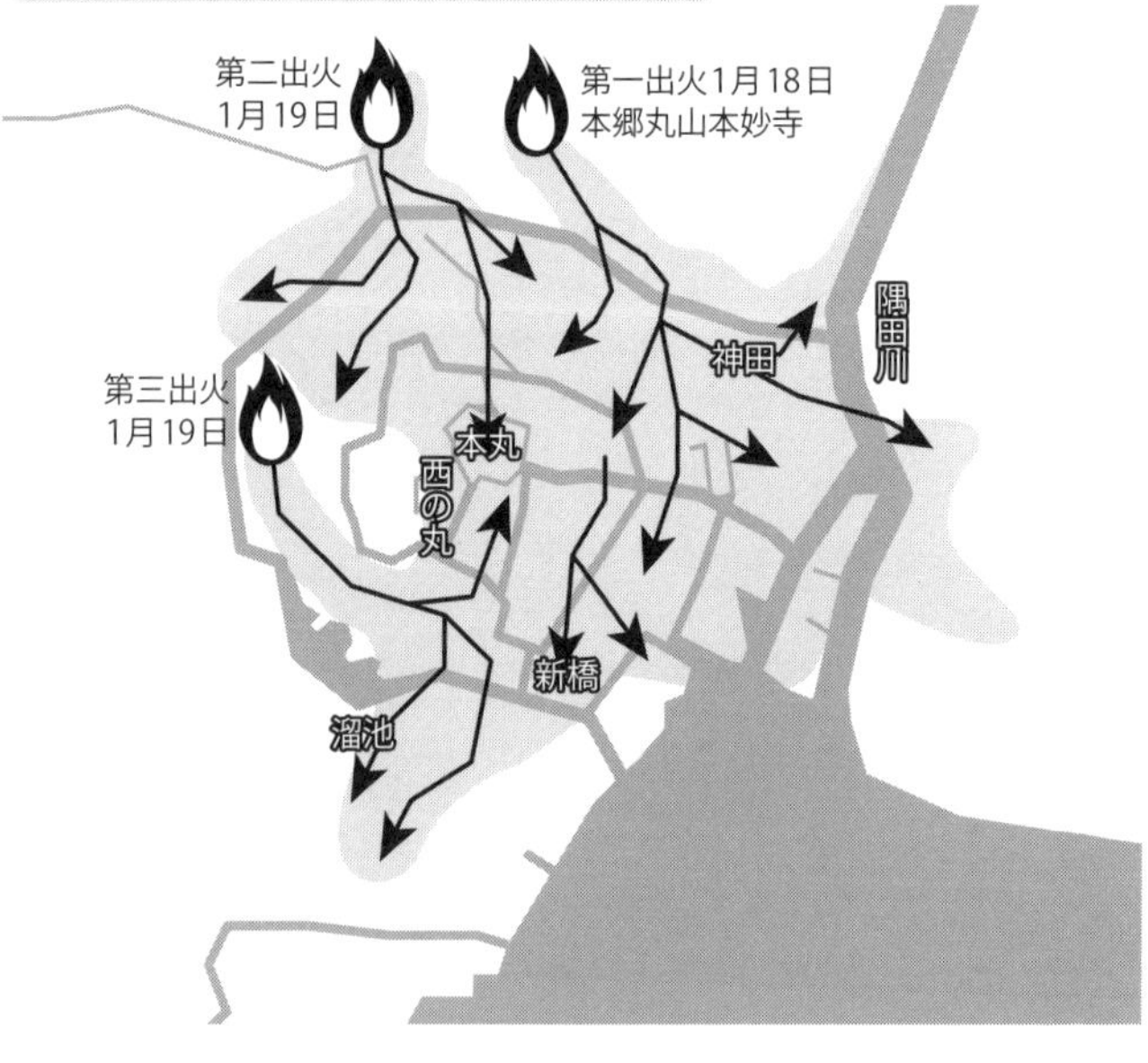

しかし、最大の変化は、図らずも火災により都市が壊滅《かいめつ》したことによる再開発でした。江戸東部の本所《ほんじょ》（墨田区）や深川《ふかがわ》（江東区）地域が発展し、軍事的な懸念から結ばれていなかった江戸市中と下総国《しもうさのくに》に、隅田川以東を結ぶ両国橋がかけられました。また、江戸町人の武蔵野《むさしの》地域への移住が進み、新田開発も行われます。例えば、火除地新設のために居住地を没収された神田連雀町《かんだれんじゃくちょう》（千代田区）の町民の一部は、武蔵野へ移り、連雀新田（三鷹市）を開きました。神田駿河台《するがだい》（千代田区）にあった吉祥寺《きちじょうじ》門前の人々が移住して新田を開き、吉祥寺新田としたのが、現在の吉祥寺（武蔵野市）です。明暦の大火のあと、このような過程で、現在の東京23区・多摩地区が「江戸」に組み込まれていきました。

この後、江戸は大きく発展し、江戸時代中期には人口百万都市になりました。この数は当時のロンドンやパリ、ベルリンより多く、世界最大級の都市に成長したのです。

column 2

江戸時代に衰退《すいたい》していった「天守」

城の役割は大きく変わり「城＝天守」ではなくなった

江戸時代、武士たちを従えた将軍や大名は江戸城や名古屋城など豪華《ごうか》な城を拠点《きょてん》に政務を執《と》っていました。

しかし、この時代、私たちが城といえば真っ先に思い浮《う》かべる「天守」が衰退していったことをご存知でしょうか？

もともと、天守は城の防衛的・軍事的な観点から、遠くを見渡《みわた》すために建築されたといわれています。戦国時代の後半になると、防衛よりも「権威《けんい》の象徴《しょうちょう》」として扱《あつか》われるようになり、家康も江戸城には天守を造りました。

ところが、家康が幕府を開くと、「一国一城令」により、全国の城の数は大幅《おおはば》に減少します。また、「武家諸法度」によって城の改築も幕府の許可が必要となり、天守はその数を減らしていきました。

現存する天守閣

その後、「平和」が意識されると、天守はますます造られなくなっていきます。

また、明暦《めいれき》の大火《たいか》で江戸城の天守が焼失すると、天下の江戸城でも再建されることはありませんでした。再建されなかった理由は江戸の町の復興を優先するためとされますが、裏を返せば天守はすぐに再建する必要のない建築物になっていたのです。

金沢城《かなざわじょう》も焼失して以降天守を再建していません。政治の場と化した城に天守は必須《ひっす》ではなくなりました。

つまり、江戸時代は「城＝天守」ではなかったのです。

「強さ」よりも「賢《かしこ》さ」──武士から官僚《かんりょう》へ──

1651年（慶安《けいあん》4年）、病弱だった家光が亡くなると、その息子である徳川家綱《とくがわいえつな》が第4代将軍に就任しました。

家綱が将軍に就任するまでの時代は、幕府の政治は武力で諸大名を抑《おさ》える「武断政治」でした。しかし、多くの大名が改易されたことで、その家臣たちは職を失い、大量の牢人《ろうにん》が発生して社会問題となります。

こうした社会状況《じょうきょう》に加え、将軍就任時の家綱はまだ11歳《さい》。この隙《すき》を突《つ》いて、政治への不満を抱《いだ》いていた武士たちの幕政批判が起きたのです。

まず、1651年（慶安4年）の7月9日、徳川家一門で三河刈谷藩主《みかわかりやはんしゅ》だった松平定政《まつだいらさだまさ》は、「最近の幕府は強権的で、見捨てられた旗本たちの貧困は見ていられない」と厳しい声を上げました。

定政は幕府への不満による戦争を防ぐため、自身の領地などをすべて返上して旗本救済に充《あ》ててほしいと要望。さらに髪《かみ》を切って僧侶《そうりょ》となり、江戸の街で寄付を募《つの》り歩くという行動に出ました。

まだ10代前半だった家綱を支えていた保科正之《ほしなまさゆき》や、家光の代からの重臣である松平信綱《のぶつな》らが協議した結果、定政の行動は「狂気《きょうき》の沙汰《さた》」として処分されました。

しかし、これは身内の徳川一門から幕政への不満という異例の出来事でした。

定政の処分が決まったわずか4日後、さらなる衝撃《しょうげき》的《きてき》な事件が起こります。

軍学者・由井正雪《ゆいしょうせつ》とその知人の丸橋忠弥《まるばしちゅうや》が、職を失った大量の牢人たちを救済する目的で幕府への反乱を計画したのです（「慶安事件」）。

この計画は決行前に幕府への密告者が現れ、押さえ込みに成功したのですが、立て続けの幕政批判は幼い将軍の行く末に影《かげ》を落としました。

そのころ、世界では？

1652年オランダがケープ植民地を支配

アジアでの貿易を重視したオランダは、ヨーロッパからアジアへと至る航路の拠点《きょてん》として南アフリカにケープ植民地を築きました。これによって日本を含《ふく》むアジアとの貿易が容易になり、オランダの優位性が確立しました。

しかし、そこで将軍・家綱を支えたのは保科正之らの優秀《ゆうしゅう》な幕閣でした。彼らは協議の末、牢人たちが増加する要因だった、当主が死ぬ直前に養子を決めることを禁じる「末期養子《まつごようし》の禁」を緩和《かんわ》しました。

1652年（承応《じょうおう》元年）には、再び牢人たちの反乱計画が発覚したため、牢人たちを管理する「牢人改め」を実施《じっし》し、以後牢人の反乱は収まりました。

一方、家綱の治世は、後期になると大老《たいろう》（臨時で老中の上に置かれた、将軍に次ぐ職）に就任した酒井忠清《さかいただきよ》が絶対的な力をもちました。彼のもとで、殉死《じゅんし》を禁止し、証人制（大名や重臣の身内を人質として江戸へ置くこと）を廃《はい》しました。これは善政と評価され「寛文《かんぶん》の二大美事」と名付けられました。

アイヌのシャクシャインの戦いや、伊達《だて》家の御家騒動《おいえそうどう》などもありましたが、「平和」が成立して幕府による制限が緩和されたことにより、改易される大名の数は減少しました。「平和」が実現されたことで、武士たちの役割も「戦場での活躍《かつやく》」から、「政務での活躍」が重視されるようになっていきます。

すなわち、武士の官僚化です。

なお、家綱の治世では家臣たちの活躍が目立ち、おとなしく病弱だった家綱は家臣たちの相談に、何でも「そのようにしなさい」と答えたことから、「さようせい様」とも呼ばれました。

ただし、近年では特に重要な場面での意思決定では家綱が表に立っていたことも明らかになってきました。

普段《ふだん》は家臣の決定を尊重し、重要な場面では自らが責任をもって指示を出す。家綱という将軍は、案外「理想の上司」かもしれません。

「勝者」となった浅井《あざい》三姉妹の末っ子

江

Gou

1573～1626

激動の時代を乗り越《こ》えて将軍の正室へ

浅井長政《ながまさ》と市《いち》の娘《むすめ》として生まれた江《ごう》。しかし、江が生まれて間もなく、1573年（天正元年）に浅井家は織田信長によって滅《ほろ》ぼされ、さらに母の再婚《さいこん》相手である柴田《しばた》勝家《かついえ》も1583年（天正11年）の賤ヶ岳《しずがたけ》の戦いで敗れた結果、姉の茶々《ちゃちゃ》・初《はつ》とともに秀吉に保護されました。

江は縁組《えんぐみ》の破談を経て、秀吉の養子である羽柴秀勝《はしばひでかつ》と結婚《けっこん》します。ところが、秀勝は朝鮮《ちょうせん》出兵の際に病死し、秀吉は江を家康の三男・秀忠《ひでただ》へと嫁《とつ》がせました。

その後、家康が江戸幕府を開き、将軍職を秀忠に譲《ゆず》ったことで、江は「将軍の妻」となりました。姉の淀殿《よどどの》も秀吉の側室として権力を持ちましたが、大坂の陣《じん》で敗死し、その運命は大きく分かれました。

江は秀忠を尻《しり》に敷《し》く、嫉妬《しっと》深い女性として知られてきましたが、近年では将軍の正室としての役割を果たし、秀忠に尽《つ》くしたとも考えられるようになっています。

第二章

動揺と改革の江戸中期

——支配体制の安定化

（1680〜1745）

「平和」は儲《もう》かる ―江戸《えど》の経済発展―

幕府の体制が確立する第4代将軍の家綱《いえつな》の時代までに、日本経済は飛躍的《ひやくてき》な発展を遂《と》げました。街道や港の整備により、各地でさまざまな都市が栄えました。

たとえば、現在、日本第二の都市である大坂は、商業都市として発展します。多くの大名たちは、年貢米《ねんぐまい》や各地の特産物を販売《はんばい》するための蔵屋敷《くらやしき》を大坂に設置し、後に「天下の台所」と呼ばれるまでになりました。とくに堂島《どうじま》（現在の北区・福島区）の米市場は有名で、当時の全国で売買される米の基準価格はここで決まっていました。

また、江戸幕府が開かれるまで1000年近く政治の中心だった京都は、応仁の乱以来の荒廃《こうはい》から立ち直り、伝統を活かした西陣織《にしじんおり》などの美術工芸品で栄えます。古くからの寺社を目当てに訪れる観光客も多数おり、現代に繋《つな》がる観光都市としても発展します。

一方、基幹産業の農業は、生産力の発展により、これまでは年貢と自分たちが食べるための収穫量《しゅうかくりょう》しかなかった農家が、しだいに販売用の米や野菜などを生産するようになります。

これには、新田開発をはじめ、備中《びっちゅう》鍬《くわ》や千歯《せんば》扱《こき》などの農業用具や、宮崎安貞《みやざきやすさだ》の『農業全書《のうぎょうぜんしょ》』などの農書の普及《ふきゅう》による農業効率化も大きく関係していました。

また、「米だけに頼《たよ》らない農業」、適地適産という意識も芽生え、桑《くわ》・楮《こうぞ》・漆《うるし》・茶の四木《しぼく》と、紅花・藍《あい》・麻《あさ》の三草《さんそう》を合わせた「四木三草《しぼくさんそう》」に代表される商品作物も盛んに生産されました。

九十九里《くじゅうくり》（現在の千葉県）のイワシ漁や紀州・土佐《とさ》でのカツオ漁などの漁業、経済発展を支えた飛驒《ひだ》（同岐阜県）や日田《ひた》（同大分県）、伊那《いな》（同長

日本の産業

野県）などでの林業も発達します。

焼物などの工芸品も盛んに生産され、加賀の九谷焼《くたにやき》や会津《あいづ》の会津塗《ぬり》などの名物は、オランダを通じてヨーロッパに輸出されるほどの産業に成長しました。

ちなみに、輸入する側のオランダはこのような世界各国との貿易や植民地支配の発展で利益を上げていました。しかし、オランダ輸入品の中心だった香辛料《こうしんりょう》の需要《じゅよう》が落ち込《こ》み、綿織物や茶などの需要が増加したことで、ここに強みを持ったイギリスやフランスに貿易で後れを取るようになります。

こうした産業の発展は、やがて商売の形を大きく変えることになる、「現金・安売り・掛《か》け値なし」をキャッチコピーのもと、急激な成長を遂《と》げた呉服店《ごふくてん》「三《みつ》井越後屋《いえちごや》」の出現に繋《つな》がります。

そのころ、世界では？

1673年イギリスで審査法《しんさ》制定

国王チャールズ２世のカトリックを中心とする専制政治に対抗《たいこう》すべく、議会はプロテスタントの中道をとる国教会以外の信徒が官僚《かんりよう》になることを禁じる審査法を可決。この過程で国王を擁護《ようご》するトーリ派と批判的なホイッグ派が対立し、後の二大政党制に繋がりました。

当時、商売は大名や豪商《ごうしょう》を対象にすることが一般的《いっぱんてき》でしたが、三井高利《みついたかとし》は庶民《しょみん》の経済発展に目を付け、「薄利多売《はくりたばい》」で大衆に商品を売るという、現代に繫がる商法を編み出します。彼の目論見は大当たりし、高利は一代で豪商と呼ばれるまでになりました。

彼の成功は代々引き継《つ》がれ、現代の日本でも有力な企業《きぎょう》グループとして知られる「三井グループ」へと繫がっていきます。

綱吉《つなよし》はただの動物好きか？ ―〝犬将軍〟の実像―

1646年（正保《しょうほう》3年）、後に江戸幕府第5代将軍となる徳川綱吉は、徳川家光の第4子として生まれました。武士の家系は「長男相続」が原則なので、本来綱吉は将軍就任を約束された地位ではありませんでした。

実際、家光の長男、家綱《いえつな》は第4代将軍になり、綱吉は将軍の弟として2歳《さい》上の兄・徳川綱重《つなしげ》とともに15万石の領地を与《あた》えられました。

もっとも、両者は兄弟といえど、将軍に万が一のことがあれば将軍に就任する可能性のある「ライバル」でもありました。家綱を補佐《ほさ》した保科正之《ほしなまさゆき》は、彼らを「同格」に扱《あつか》いました。1661年（寛文《かんぶん》元年）に綱重は甲府《こうふ》25万石を与《あた》えられ、綱吉も館林《たてばやし》25万石を与えられ、それぞれ藩主になっています。

しかし、家綱には将軍職を継《つ》げる男児が不在で、さらに綱重も急死するという事態に直面しました。病気がちだった家綱の状態は悪化し、綱吉にも将軍就任のチャンスがめぐってきます。

ところが、綱吉の将軍就任にあたって、これを大老・酒井《さかい》忠清《ただきよ》が妨害《ぼうがい》したという話が残されています。

第3代将軍家光から第6代将軍家宣まで

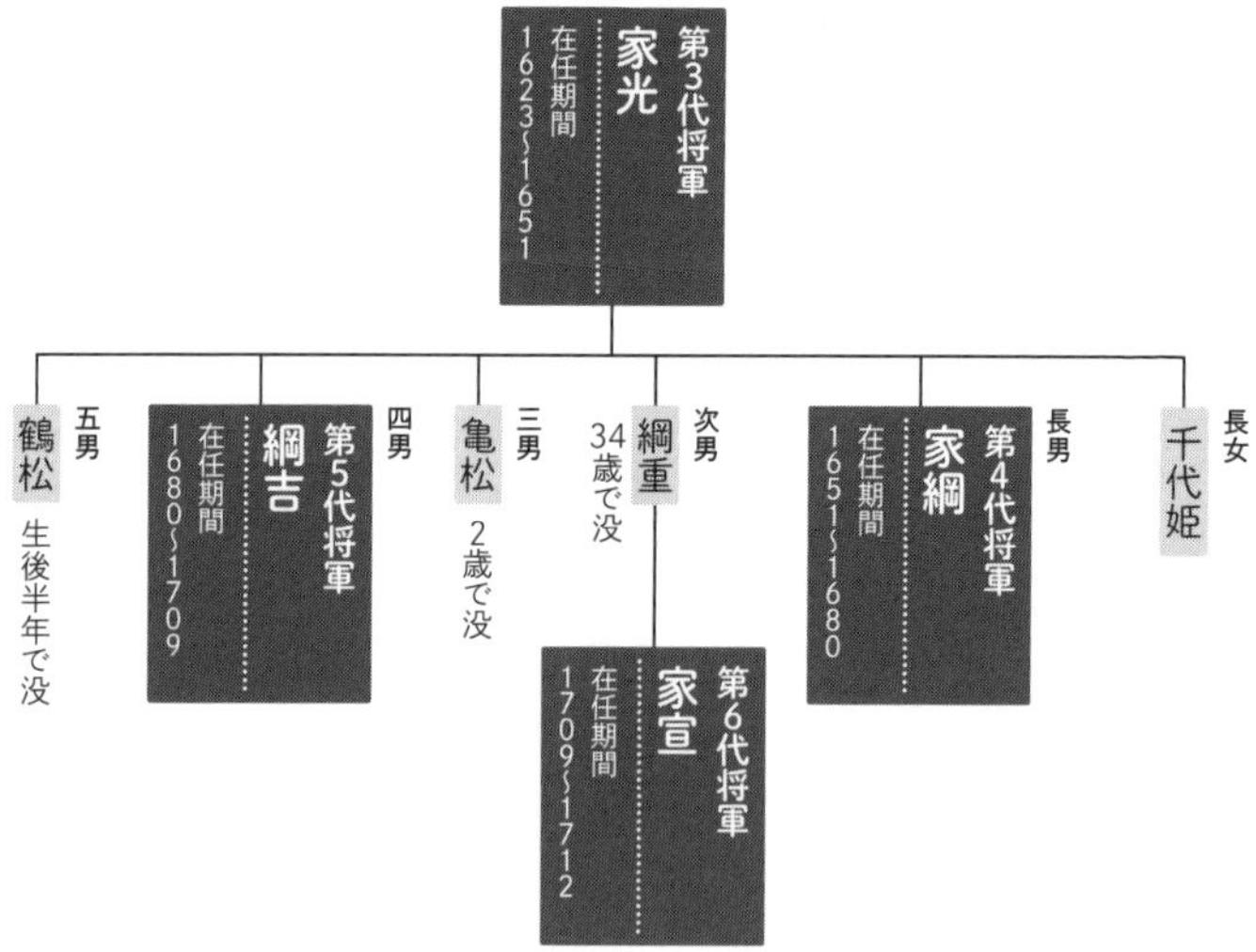

忠清は家綱の直系ではない綱吉の将軍就任に反対し、かつて鎌倉幕府で見られたように京都の公家を招いて将軍にするというアイデアを提案。しかし、後に大老《たいろう》として力を持つ、老中・堀田正俊《ほったまさとし》の反論を受けて、綱吉が将軍に就けたというものです。

この話は、史料でも「世の中にはこんな話があります」と紹介《しょうかい》されており、事実かは不明です。

しかし、綱吉が「生まれながらの将軍」ではなかったこと、兄たちの死後も本来の継《けい》承《しょう》順位では綱吉より上だった家綱の甥《おい》である徳川綱豊《つなとよ》を差し置いて将軍になったこと、家臣たちの間に派閥《はばつ》があったことは、その後の政権運営に大きく影響《えいきょう》します。

周囲が揺《ゆ》れ動く中、1680年（延宝《えんぽう》8年）に綱吉はついに第5代将軍へと就任し、必ずしも歓迎《かんげい》されるとはいえない状況《じょうきょう》下で政治を担っていくのです。

将軍に就任した綱吉は、これまで実権を握《にぎ》ってきた酒井忠清に「最近は病気がちだからゆっくり休まれてはいかが」と伝え、彼を罷免《ひめん》します。罷免の理由として、彼が処理した越後《えちご》高田藩《たかだはん》の御家騒動《おいえそうどう》「越後騒動」の裁定が一因といわれています。越後騒動は、藩財政再建を進めた家老の小栗美作《おぐりみまさか》らと、彼に権力が集中したのを嫌った譜代藩士たちの間で、藩主の後継ぎをめぐって起きたものです。

忠清の裁定は小栗方に肩入れしていると認識され、藩内が小栗の賄賂《わいろ》を疑って混乱状態になりました。これを見た綱吉は、1681年（天和元年）に自ら改めて裁定し、越後高田藩の領地を没収《ぼっしゅう》する厳しい処分を言い渡《わた》しました。

ここで処分された越後高田藩は、家康の子である結《ゆう》城《き》秀康《ひでやす》に繋《つな》がる「越前松平家」と呼ばれる名門。これだけ格がある藩が「藩主の統率力が弱いから」という理由だけで処罰されたことは、将軍に近かった譜代《ふだい》大名や旗本たちを震《ふる》え上がらせたといいます。事実、家綱治世下に比べ、処罰された譜代大名などの数は約2倍になりました。

綱吉は大老に堀田正俊を据《す》え、家綱とは異なり、将

そのころ、世界では？

1682年ロシアでピョートル1世が即位《そくい》

ロシア、ロマノフ朝の第4代皇帝として10歳で即位しました。ピョートル1世は、まだ東ヨーロッパの一国でしかなかったロシアで西欧化《せいおうか》改革を進め、スウェーデンとの間に勃発《ぼっぱつ》した北方戦争で勝利。以後、ロシアは東ヨーロッパの大国として君臨するのです。

軍自身が政治を主導する「天和《てんな》の治《ち》」を開始。家綱が文治政治へ転換《てんかん》して大名の処罰《しょばつ》を緩《ゆる》めたのに対し、綱吉は厳格に行いました。綱吉は強気な政治を続け、再び将軍の絶対的権力を取り戻《もど》そうとしたのです。

綱吉の治世下で問題となったのは、幕府の財政難でした。年貢《ねんぐ》収入が増えたわけではないのに、旗本たちの生活水準が上がり、幕府の支出が増えたのが原因でした。江戸前期に豊富だった鉱山での産出量が減ったのも影響《えいきょう》しています。

そこで綱吉は、さまざまな手段で支出を抑《おさ》え、収入を増やそうとしました。

まず、儒教《じゅきょう》精神に基づいて、徹底的《てっていてき》な倹約《けんやく》を求めました。また、年貢の取り立てを強化し、職務に忠実でない代官や勘定方《かんじょうがた》役人らを数多く罷免《ひめん》します。

しかし、こうした厳しい姿勢での改革にもかかわらず財政は好転せず、幕府はさらなる経済の制限を加えていきます。

一方、この時期、大老・堀田正俊の権力は強まりましたが、1684年（貞享《じょうきょう》元年）に正俊が従兄弟で美濃《みの》青野《あおの》藩主《はんしゅ》の稲葉《いなば》正休《まさやす》に暗殺される事件が起こりました。暗殺の動機は、正休が正気を失ったとする説、正俊の専横を見かねた義憤《ぎふん》説、淀川《よどがわ》の工事をめぐる費用負担の対立説などがあり、はっきりとは分かっていません。確たる理由は不明なものの、正俊の暗殺で天和の治も終わりを迎《むか》えました。

以後、綱吉はかつて自身が治めていた館林《たてばやし》藩の家臣から旗本になっていた者たちを中心に政治を行います。また、老中ではなく、将軍と老中の取次ぎを担当した「側用人《そばようにん》」に自身の補《ほ》佐《さ》役《やく》を任せるようになります。

このように、正俊の死によって、幕政は大きく変化しました。

綱吉は、側用人に柳沢吉保《やなぎさわよしやす》を、勘定奉行《かんじょうぶぎょう》に荻原重秀《おぎわらしげひで》を抜擢《ばってき》し、自身の意向をくむ忠実な補佐役として機能させます。

そして、良くも悪しくも綱吉の名前を歴史に残すきっかけとなった「生類憐《しょうるいあわれ》みの令」が出されたのも、

そのころ、世界では？

1683年台湾《たいわん》が清の領土となる

日本人女性の子として生まれた鄭成功《ていせいこう》は、台湾を占《せん》領《りょう》して清《しん》へ抵抗《ていこう》しました。彼の死後も子孫たちが抵抗を続け、清を悩《なや》ませましたが、厳しい海禁政策によって収入源を絶たれた鄭氏は勢力を失い、清に降《こう》伏《ふく》しました。

この時期です。

綱吉は「病気の馬を捨てた者は死刑《しけい》」「肉食の大幅《おおはば》な制限」「捨て犬の保護」など多岐《たき》にわたる動物愛護の法令を打ち出し、違反《いはん》した者を容赦《ようしゃ》なく処罰《しょばつ》しました。

生類憐みの令は、動物の保護費増大に繫《つな》がり、違反者に厳しい処分が下されたことも相まって、社会の評判は最悪でした。そのため、抗議《こうぎ》の意を示すために犬が過度に痛めつけられた例まであり、政策としては大失敗に終わりました。

では、綱吉はなぜこのような「悪法」を制定したのでしょうか。この背景には、綱吉が大切にした「儒教《じゅきょう》、仏教精神」に基づく「思いやりの意識」があります。

綱吉は馬や牛、犬だけでなく「傷ついた人を保護すること」も命じており、これらに違反することは、儒教の「仁」の教えに反すると考えました。当時は病人や怪我人《けがにん》を簡単に見捨てる風潮があったのです。

綱吉《つなよし》はこうした世の乱れを防ぎ、民衆に儒教や仏教の教えを根付かせて「平和」「文明化」を徹底《てってい》しようとしたのです。

ただし、綱吉は雷《かみなり》が鳴ると異常な恐《おそ》れを見せたり、彗星《すいせい》を見て「これは天の戒《いまし》めなのか」と家臣に相談したりと、天変地異への過度な畏怖《いふ》があり、「迷信家」ともいわれます。生類憐みの令には、そんな彼の恐れも影響《えいきょう》していたかもしれません。

一方、財政面での荻原重秀《おぎわらしげひで》の働きは、1695年(元禄《げんろく》8年)の「貨幣改鋳《かへいかいちゅう》」が有名です。これは、貨幣に含《ふく》まれる金・銀の比率を減らし、その分、貨幣の流通量を増やそうとするものでした。しかし、新貨幣は質が悪いため、物価が高騰《こうとう》しました。

全体的に、綱吉の政治は評判が悪く、将軍がかわるとすぐに撤回《てっかい》される政策もありました。

ただし、近年、生類憐みの令の理念に関する見直しが進むなど、綱吉を再評価する声も上がっています。

そのころ、世界では？

1694年イングランド銀行が創設される

当時のイギリスは対フランス戦争遂行《すいこう》のための戦費を必要としており、その一環《いっかん》としてイングランド銀行が創設されました。この銀行は戦時以外も力を発揮し、後の産業革命と資本主義社会の発展を支えました。

赤穂浪士《あこうろうし》が許されない理由 ―江戸の法治主義―

「忠臣蔵《ちゅうしんぐら》」といえば、時代劇ファンなら誰《だれ》もが知っているストーリーです。しかし、忠臣蔵のリアル、「赤穂事件」は、歴史的にどのような意味を持っていたのでしょうか。

赤穂事件は、1701年（元禄《げんろく》14年）に赤穂藩主《はんしゅ》・浅野内匠頭長矩《あさのたくみのかみながのり》が、江戸幕府の儀《ぎ》式《しき》を取り仕切った「高家《こうけ》」の吉良上野介義央《きらこうずけのすけよしなか》を、江戸城内で突如《とつじょ》斬りつけたことに始まります。

長矩が義央を斬りつけた理由は、後に忠臣蔵などの影響《えいきょう》で「義央が儀式の指南に際して賄賂《わいろ》を求めたから」など義央の強欲を理由に挙げる声が多いですが、実態はよく分かりません。

この事件を受け、幕府は裁定を下します。江戸城内で乱暴を働いた長矩は、切腹のうえ改易処分を命じられました。一方、義央は処分されません。

現代を生きる私たちにしてみれば、「理由はともかく無抵抗《ていこう》の相手を突如《とつじょ》斬りつけた長矩」だけが処分されるのは、納得できる判断ではあります。

しかし、処分された長矩の家臣たちにとって、この判決は許しがたいものでした。主君の改易により職を失い、主君だけでなく浅野家全体が汚名《おめい》を着せられたからです。

そこで、長矩の実弟である浅野大学長広《ながひろ》を中心に、家の再興を目指して幕臣たちへの働きかけを行いました。

それでも処分が解けないばかりか、期待の人物だった長広の広島藩への配流が決定。御《お》家再興の望みが潰《つい》えたことを悟《さと》った大石内蔵助良雄《おおいしくらのすけよしお》を中心とする家臣47名は、主君の復讐《ふくしゅう》として吉良邸《てい》への討ち入りを決意します。

翌1702年（元禄15年）、彼らは義央の殺害に成功し、義央の首を長矩の墓前に供えました。

この事件も、私たちの感覚からすれば内蔵助《くらのすけ》らの行動は「犯罪」以外の何物でもありません。しかし、処分を下す幕府側もずいぶん対応に悩《なや》みました。

その理由は、内蔵助らが当時の価値観として大切にされた「主君への忠節」をしっかりと守った結果の討ち入りだったからです。

当時は綱吉政権の真っただ中で、綱吉が儒教を大切にしたことはすでに述べました。

儒教は主君への忠義を重んじるものなので、儒学者や諸大名、幕臣たちの間でも意見が分かれたのです。「主君のための仇討《あだう》ちなのだから、情状酌量《じょうじょうしゃくりょう》の余地はあるだろう」と。

しかし、最終的に当の綱吉は内蔵助以下全員に切腹処分を言い渡《わた》し、一方で吉良側にも領地没収《ぼっしゅう》処分が下されました。吉良側が処分を言い渡されたことには、浅野方への配慮《はいりょ》があったともいわれます。綱吉は、処分を言い渡すにあたり、儒学者荻生徂徠《おぎゅうそらい》の意見を採用しました。

彼は「赤穂藩《はん》の滅亡《めつぼう》は長矩の狼藉《ろうぜき》が原因で、義央が赤穂藩を滅《ほろ》ぼしたわけでは

ないから仇討ちとはいえない。また天下の法の前では私的《してき》な忠義は退けられるべきだ。ただし彼らに同情の余地もあるので、打ち首ではなく切腹が妥当《だとう》だ」と主張しました。

　この意見は、当時の世論に鑑《かんが》みてもかなり妥当なものとされ、綱吉が採用するところとなりました。

　ただし、この事件は大衆の同情を買いました。事件の数ヶ月後には赤穂事件を扱った芝居が上演され、脚本や芝居小屋を変えながら、昭和時代まで多くの作品が生まれました。事件から46年後に上演された浄瑠璃《じょうるり》『仮名《かな》手《で》本忠臣蔵《ほんちゅうしんぐら》』は、と

浪士　擁護派と否定派

擁護派

林信篤《はやしのぶあつ》
法を犯したので罰せられるべきとしつつ、「下に忠臣義士あって、以て憤りを述べ、志を遂げた」と義士として称賛

室鳩巣《むろきゅうそう》
浪士を義士とし、加賀藩主に提出

三宅尚斎《みやけしょうさい》
主君の志を継ぐのが家臣の忠義

否定派

荻生徂徠
法的に処刑が妥当

佐藤直方《さとうなおかた》
吉良邸に討ち入りしたことは大罪。すぐに自害したわけでもない。とても義士とは呼べない

■浪士自害10年以上後の第二次論争
義士否定論：太宰春台、牧野直友、伊良子大洲
義士否定論を批判：五井蘭洲、河口静斎、伊勢貞丈、山本北山、佐久間太華

くに評判で、歌舞伎に移されて人気狂言《きょうげん》となりました。将軍批判ともいえる「忠臣蔵」が流行した理由は、綱吉や側用人・柳沢吉保の政治が不人気で、政治批判に結びついたからともいわれます。綱吉や吉保は死後も批判され、「忠臣蔵」の世界では悪役であることから、彼らに悪印象を抱く時代劇ファンもいるでしょう。

それでも、幕府方はあくまで法に基づいた処罰を実行しました。つまり、忠臣蔵の一件を歴史的に位置づけるなら、江戸幕府の法治主義が従来の武士たちの価値観を超《こ》え、「天下の義」として定着していったことを示す一件、といえるのです。

column 3

江戸時代の身分制度

見直しが進む「士農工商《しのうこうしょう》」の身分制度

江戸時代の身分制度は、豊臣秀吉が実行した、「兵農分離《ぶんり》」を原則とし、幕府成立後に整備・確立されていきました。

成立した身分制度は「士農工商」と表現されてきましたが、実はこの言葉、最近は紹介しない教科書も見られるようになりました。

そもそも、「士農工商」という言葉は古代中国の社会階層を説明する言葉で、それを江戸時代にも適用したものでした。実際は、武士以外の「農工商」に上下関係はなく、また同じ身分でも上級武士と下級武士の実態は大きく異なっていて、さらにこの言葉に含《ふく》まれない身分の人々も多くいました。

江戸時代の中期以降は豪商《ごうしょう》や豪農《ごうのう》と呼ばれる経済力を持つ武士以外の人々が現れた一方、武士たちは困窮《こんきゅう》していったため、武士が彼らに借金することもありました。

財政の厳しい藩《はん》では、「お金持ちの庶民《しょみん》に武士身分を買ってもらう」ことで金策する例もありました。江戸時代後期には、困窮した武士が町人と養子縁組をすることもありました。

このように、江戸時代の身分制度は私たちが思うほど絶対的なものではありません。ただし、「お金持ちがわざわざ武士身分を買っていた」ことからも分かるように、武士身分にあこがれる人も多くいました。基本は生まれた家によって職業や身分が決まっていたのも事実です。

倫理学《りんりがく》から自然科学まで ―学問の進歩―

綱吉の学問重視の姿勢にも関係して、元禄《げんろく》時代に学問は大きく発展しました。

江戸の学問史を見ると、中心にあったのは儒学、特に儒学の一派である「朱子学《しゅしがく》」でした。

江戸前期、朝鮮の儒者・姜沆《ハンガン》に儒学を学んだ藤原惺窩《ふじわらせいか》が日本の儒学の開祖とされ、彼の弟子である林羅山《はやしらざん》は、徳川家康から家綱までの4代にわたって歴代将軍の学問指南にあたりました。1630年（寛永《かんえい》7年）には上野（現在の東京都台東区）で家塾《かじゅく》を開き、幕臣たちの間に儒

江戸時代の主な儒学者

朱子学派

藤原惺窩

朱子学派の祖

林羅山

徳川家康に仕える

堀杏庵《ほりきょうあん》

浅野長晟、徳川義直の儒官

那波活所《なわかつしょ》

徳川頼宣の儒官

松永尺五《まつながせきご》

5000人を超える門人（木下順庵、安東省菴、貝原益軒、宇都宮遯庵）

南学派

南村梅軒《みなみむらばいけん》

南学派の祖

谷時中《たにじちゅう》

門人：野中兼山、小倉三省、山崎闇斎

山崎闇斎

会津藩主保科正之の支援を受ける

門人：佐藤直方、浅見絅斎、三宅尚斎

学が浸透《しんとう》していきました。

一方、羅山の仕事は儒学を広めるだけでなく、幕府の歴史や系図を編纂《へんさん》することもありました。彼のまとめた『本朝編年録《ほんちょうへんねんろく》』は、息子の林鵞峯《がほう》により『本朝通鑑《ほんちょうつがん》』として完成に至ります。

こうした修史事業としては、ほかに「水戸黄門《みとこうもん》」のモデルの徳川光圀《みつくに》が編纂を始めた『大日本史』などが知られています。

そして、「文治政治《ぶんち》」への転換《てんかん》が図られた家綱の時代になると、幕府は儒学の教えである儒教で政治の安定を図るべく、さらに学習を推奨《すいしょう》します。

しかし、一方で朱子学以外の儒学を統制する動きも見られはじめ、儒学のうち古学を研究していた儒学者の山鹿素行《やまがそこう》は、1666年（寛文《かんぶん》6年）に「不届きな

そのころ、世界では？

1667年ミルトンが『失楽園』を刊行

イギリスの詩人・ミルトンは、アダムとイブが知恵《ちえ》の実を食べ、楽園を追われたことで有名な『創世記』をベースにした叙事詩《じょじし》『失楽園』を刊行しました。この作品に登場する悪魔《あくま》・サタンの描写《びょうしゃ》は英雄的《えいゆうてき》で、後世の「悪魔観」に多大な影響《えいきょう》を与《あた》えました。

書物を世に出した」として処分が言い渡《わた》されています。もっとも、家綱を補佐《ほさ》した保科《ほしな》正之《まさゆき》が熱心な朱子学の学徒だったため、彼の個人的《こじんてき》な好みによる処分とする説もあります。

このように、儒学者といえども全員が幕府に重用されるわけではなかったのですが、綱吉の時代になると、本人の学問好きも相まって儒学者の地位は大きく向上します。綱吉はこれまで将軍に仕え続けてきた林家の林信篤《はやしのぶあつ》を大学頭《だいがくのかみ》に任じ、仏教に従属していた儒学の独立性を強めました。

綱吉は、儒学者から講義を受けるだけでなく、自身が大名たちに『大学』や『論語』などの儒教の古典を講義するほど熱心でした。さらに綱吉は儒教の始祖・孔子《こうし》を祀《まつ》り、林家が営んでいた私塾《しじゅく》を接収し幕府の学問機関である湯島聖堂を設立するなど、後年に続く幕府の教育システムが構築されました。

綱吉に重用された儒学者は多彩《たさい》でした。赤穂事件に際して意見が採択《さいたく》された荻生徂徠は、朱子学に対して批判を加える古文辞学派《こぶんじがく》の儒学者です。他には、独自の古義学を唱えた儒学者の伊藤仁斎《いとうじんさい》の講義は大人気となり、家綱時代に疎《うと》んじられていた陽明学《ようめい》の熊《くま》沢蕃山《ざわばんざん》も、一時幕府への出仕を求められました。

儒学だけにとどまらず、実用的な学問である「実学」が大きく発展したのもこの時代です。

まず、日本独自の算数である「和算」が確立されました。1622年（元和8年）、毛利重能《もうりしげよし》という人物が、算盤《そろばん》を用いた計算法をまとめた『割算書《わりざんしょ》』という最古の和算書を刊行しました。

その後、彼の弟子といわれる吉田光由《よしだみつよし》が『塵劫記《じんこうき》』という和算書を記し、和算を実践《じっせん》的《てき》に活用してみせたことで注目を浴びます。

和算を大成させたのは関孝和《せきたかかず》でした。彼は今でいう多元連立方程式や行列式、球の面積などに関する計算を発展させ、その研究成果を弟子たちに伝えていきました。しかし、彼がどのように数学を学んだかは分かっておらず、謎《なぞ》の多い数学者です。

和算の発展は土木技術や測量術の進歩にも貢献《こうけん》し、正確かつ多様な計算ができるようになりました。

一方、当時の日本の暦《こよみ》は、9世紀に制定された、中国の「宣明暦《せんみょうれき》」を採用していましたが、古いため現実との乖離《かいり》が目立つようになります。

それに目を付けたのが、幕府で碁師《ごし》（囲碁の達人）として働いていた渋川春海《しぶかわはるみ》です。１６７３年（延宝《えんぽう》元年）に彼は碁師ながら宣明暦の不備を指摘《してき》し改暦《かいれき》を請《こ》いましたが、旧習の壁は高く、なかなか実現されませんでした。

しかし、熱意ある暦の研究や有力者の働きかけなどもあり、１６８４年（貞享元年）に改暦が認められ、翌年彼の作成した新しい暦「貞享暦《じょうきょうれき》」が採用されました。以後、春海は綱吉に重用され、幕府の天文方《てんもんかた》として活躍《かつやく》するようになります。

また、同時期には商品作物の普及《ふきゅう》により、薬の種になる動植物や鉱物について研究する「本草学《ほんぞうがく》」の分野が大きく発展します。

そのころ、世界では？

1682年ハレー彗星《すいせい》が地球に接近

イギリスの学者だったエドモンド・ハレーは、1682 年に地球に接近した彗星が、約 76 年周期であるという予測を発表しました。彗星は予測通り 76 年後の 1758 年に観測され、彼の名前から「ハレー彗星」と名付けられました。

貝原益軒《かいばらえきけん》の刊行した『大和本草《やまとほんぞう》』には、薬種だけでなく農作物や雑草なども取り上げられ、本草学が単なる薬種の研究から後の博物学に繫《つな》がる姿が見られます。その後、稲《いの》生若水《うじゃくすい》が加賀《かが》藩主《はんしゅ》・前田《まえだ》綱紀《つなのり》の命で編纂《へんさん》を始めた膨大《ぼうだい》な書籍《しょせき》『庶物類纂《しょぶつるいさん》』の完成をもって、本草学は大成しました。

一方、本草学の進展と合わせて、医学も向上します。ただし、当時の医学書はほぼ中国の知見に頼《たよ》りきりであり、儒教との結びつきが強かったのも事実です。医師は儒学者と兼任《けんにん》されることも多く、現代に通じる西洋的な医学知識の到来《とうらい》は、江戸時代後半になってからのことです。

以上のように、この時代は様々な学問が飛躍的《ひやくてき》に発展した時期でした。儒教をはじめとする文系の学問だけでなく、天文学や本草学といった理系の学問も高いレベルを誇《ほこ》っていたのです。

文化の中心は京都　―花開く元禄《げんろく》文化―

綱吉の時代は、政治面で庶民《しょみん》の不満が高まったものの、学問のレベルが向上し、文化も発展しました。

江戸時代の初期、朝廷や寺社などかつての文化の担い手たちは、室町時代から戦国時代の混乱によって疲弊《ひへい》していました。しかし、徳川家康が江戸幕府を開いて以降、天皇や公家、僧侶《そうりょ》たちは「学問に励《はげ》む」ことが本分とされ、彼らへの支援《しえん》もあったことから伝統文化が再興します。

特に朝廷では「有職《ゆうそく》（朝廷の儀式《ぎしき》研究）・和歌・儒学」が重視され、文化面で歩み寄りを見せた江戸幕府のもとで学問に励みました。

一方、京都にいる武士や豪商《ごうしょう》たちも朝廷との交流を重ね、独自のサロンを形成していきます。俵屋宗達《たわらやそうたつ》、本阿弥《ほんあみ》光悦《こうえつ》などの上級町人もこうしたサロンに顔を出して交流を楽しむとともに、マルチな才能を発揮して自身もアーティストとして活躍《かつやく》しました。

宗達は「風神雷神図屏風《ふうじんらいじんずびょうぶ》」、光悦は「舟橋蒔絵硯箱《ふなばしまきえすずりばこ》」などの作品を後世に残し、現在では国宝として知られています。

これら、京都を中心とした文化は「貴族文化」と位置付けられ、大衆文化とはいえませんでした。しかし、元禄《げんろく》時代になると、貴族文化が表現する「雅《みやび》」と、京都の町人たちが持つ「俗《ぞく》」の精神が混ざり合った文化を形成します。

まず、文芸の世界では井原西鶴《いはらさいかく》・松尾《まつお》芭蕉《ばしょう》・近松門左衛門《ちかまつもんざえもん》など、江戸時代のみならず日本文化を代表する作家たちが登場します。

井原西鶴《いはらさいかく》は、もともと俳諧師《はいかいし》として活躍《かつやく》していましたが、蕉風《しょうふう》（松尾《まつお》芭蕉《ばしょう》流）の俳諧が世間を席巻していく状況《じょうきょう》を前に、

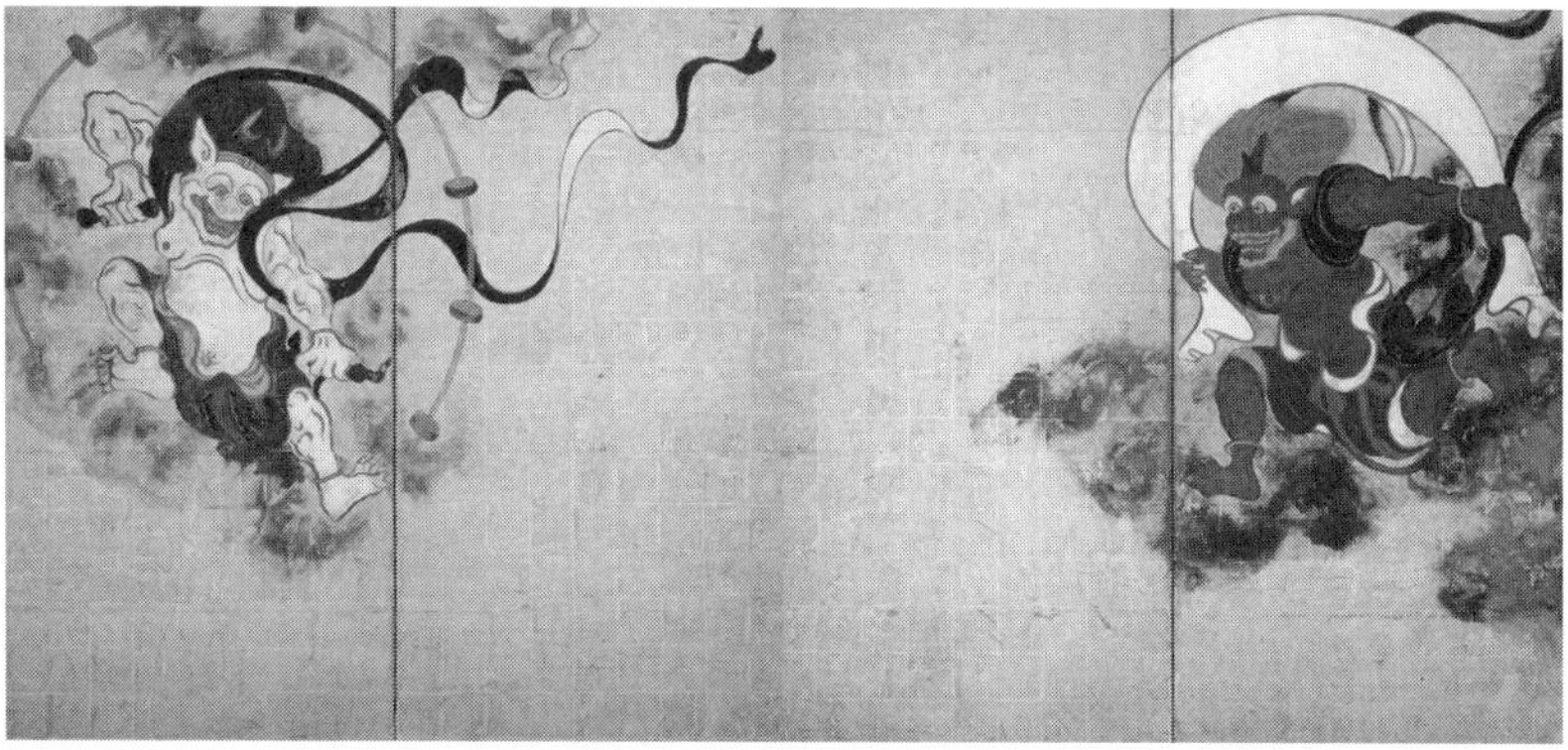

「風神雷神図屏風」。国宝。印もないが、俵屋宗達の作品であることは疑われていない。

遊里《ゆうり》や恋愛をテーマに、享楽的《きょうらくてき》な生活を送る町人たちを描《えが》いた「浮世草子《うきよぞうし》」と呼ばれるジャンルの小説執筆《しっぴつ》に力を入れます。

1682年（天和2年）、彼の代表作であり、同時に浮世草子の流行を決定的にした傑作《けっさく》『好色一代男《こうしょくいちだいおとこ》』が刊行されました。この作品は「世之介《よのすけ》」という主人公が7歳《さい》から60歳になるまでの女性遍歴《へんれき》をまとめたストーリーになっていて、『源氏物語』や『伊勢《いせ》物語』の影響《えいきょう》が見られます。

しかし、最大の特徴《とくちょう》は、色恋《いろこい》を通して様々な女性たちの生き様に焦点《しょうてん》を当てたことでした。この点は「女性の物語」とも呼ばれる『源氏物語』などでも描かれていますが、本作の主人公の「世之介」という名前には「当世の男性」程度の意味しかなく、主人公の存在感を極限まで薄《うす》くしています。

西鶴は心中や姦通《かんつう》事件といった社会の出来事を題材とし、人々の現実を繊細《せんさい》に描くことで大ヒット作家となったのです。

松尾芭蕉《まつおばしょう》は、料理人として仕えていた主君が亡くなったのち、俳諧師としての活動をスタートさせます。

当時、俳諧の世界では西山宗因《にしやまそういん》が打ち立てた談林《だんりん》派が主流で、全国に多数の俳諧愛好家が出現していました。一方、この時点で俳諧はまだ日常に根付いた大衆文学という扱《あつか》いで、芸術としては評価されていませんでした。

そこで、芭蕉は日本全国に旅行し、「侘《わ》び寂《さ》び」を感じさせる句を生み出していきます。平泉《ひらいずみ》（現在の岩手県）で詠《よ》まれた「夏草や　兵《つわもの》どもが　夢の跡《あと》」などの句は、現代でも広く知られています。

彼のまとめた『野ざらし紀行』『奥《おく》の細道《ほそみち》』などの俳諧文学は大ヒット。俳諧《はいかい》の世界に、「わび」「さび」などを重視し

松尾芭蕉の旅路

た松尾芭蕉流の「蕉風《しょうふう》」という新たな作風の流行をもたらし、同時に俳諧を芸術へと昇《しょ》華《うか》させました。

西鶴や芭蕉作品流行の裏には、印刷技術の飛躍的《ひやくてき》な発展も関係しています。技術向上により出版事業が活性化し、書籍《しょせき》が広く普及《ふきゅう》しました。

一方、芝居《しばい》の世界で大活躍《かつやく》したのが近松門左衛門《ちかまつもんざえもん》です。彼は10代の頃《ころ》に京都市中を流《る》浪《ろう》して公家に仕え、古典に関する知識を学びました。

やがて浄瑠璃《じょうるり》の脚本《きゃくほん》を書きはじめ、当時は古典色が強かった浄瑠璃界に革新的なストーリーを持ち込《こ》み、1703年（元禄《げんろく》16年）に代表作となる『曾根崎心中《そねざきしんじゅう》』を初演しました。

門左衛門は義理や人情の板挟《いたばさ》みとなる人物たちを巧《たく》みに描き、人々の共感を集めました。彼は歌舞伎《かぶき》作者としても数多くの脚本を残し、人形浄瑠璃の劇場である竹本《たけもと》座の創設者・竹本義太夫《ぎだゆう》とコンビで上演した『出世景清《しゅつせかげきよ》』などの作品が有名です。

門左衛門や義太夫の活躍に代表されるように、元禄時代には歌舞伎や浄瑠璃など芝居の世界が大きく発展しました。当時の流行作品の中には、現在も上演されている演目も少なくありません。

美術の世界に目を向けると、画家の尾《お》形《がた》光琳《こうりん》と陶芸家《とうげいか》の尾形乾山《けんざん》の兄弟が活躍《かつやく》したのもこの時期です。呉服屋《ごふくや》として繁《はん》盛《じょう》していた豪商《ごうしょう》の家に生まれた二人は、派手好きの光琳と堅実《けんじつ》な乾山という、対照的な性格であったといわれます。

兄の光琳は、『燕子花図屏風《かきつばたずびょうぶ》』『紅白梅《こうはくばい》図屏風《ずびょうぶ》』などの傑作《けつさく》絵画を描き、弟の乾山は世に名高い陶芸作品を数多く製作しました。

他方、西鶴の確立した「浮世《うきよ》」の概念《がいねん》は、絵画の世界でも見られました。いわゆる「浮世絵」が生まれたのはこの時期

『紅白梅図屏風』。国宝。尾形光琳作。光琳は俵屋宗達に直接教えてもらっていないものの影響を受けていた。

とされ、菱川師宣《ひしかわもろのぶ》の代表作とされる「見返り美人図」は、浮世絵の祖といわれます。

このような文芸・美術に加え、都市や農村の祭りや年中行事、寺社の賑《にぎ》わいなども見られ、これら様々な文化の隆盛《りゅうせい》を総称《そうしょう》して「元禄文化《げんろくぶんか》」と呼びます。

ただし、元禄文化の主な担い手は上方、つまり京都・大坂とその周辺の富裕《ふゆう》商人でした。いまだ江戸の庶民《しょみん》が文化の担い手になったわけではありません。江戸庶民が活躍《かつやく》するのは、江戸時代の後半になってからのことです。

将軍よりも目立つ部下 ―正徳の治―

さて、第5代将軍・綱吉は59歳《さい》になっていましたが、跡《あと》を継《つ》ぐ男子がいませんでした。綱吉は養子を迎《むか》えて将軍職を譲《ゆず》ることになります。

その養子は、先に触《ふ》れた、綱吉の兄・徳川綱重《とくがわつなしげ》の息子でした。

綱重は若くして亡くなったため将軍にはなれませんでしたが、息子の代になってチャンスがめぐってきます。こうして、綱吉の養子となった徳川家宣《いえのぶ》が第6代将軍に就任したのです。

　しかし、家宣の前途《ぜんと》も課題だらけでした。綱吉が庶民からひどく嫌《きら》われていたことはすでに触れましたが、加えて大雨や火災、地震《じしん》に富士山の噴火《ふんか》など自然災害にも見舞《みま》われ、社会不安は高まりました。

　将軍就任時の家宣は48歳《さい》。他の将軍に比べて、高齢になっていました。

　家宣は、評判の悪かった綱吉治世を改革する策を講じます。

　まず、綱吉に重用された柳沢吉保《やなぎさわよしやす》を政治の場から追放し、自らの甲府藩主《こうふはんしゅ》時代の家臣たちにより側近グループを形成し

綱吉政権下の災害

延宝8（1680）	大風雨、高潮。出雲の飢饉
天和2（1682）	江戸で大火。「お七火事」
天和3（1683）	日光で連続して地震
貞享4（1687）	京の大風雨、江戸の地震
元禄8（1695）	奥羽・北陸の飢饉、江戸の大火
元禄11（1698）	勅額大火
元禄15（1702）	奥羽・蝦夷地の飢饉
元禄16（1703）	四谷伊賀町から芝までの大火。元禄地震。
宝永元（1704）	浅間山噴火
宝永4（1707）	10月、宝永地震。11月、富士山の宝永噴火
宝永5（1708）	京都大火。大坂で大火

ました。悪政と名高い生類憐みの令も、綱吉の死のわずか8日後に廃止します。

しかし、将軍として専制政治を行ったわけではなく、綱吉と同様に側用人や側近を重用した政治を展開しました。家宣のもとで力を振るったのが、従来から家宣に仕えていた側用人の間部詮房《まなべあきふさ》と、儒学者の新井白石《あらいはくせき》でした。

詮房は家宣の小姓《こしょう》、白石は家宣の教師という立場にあった人で、どちらも家宣の抜擢《ばってき》なくしては政治の中枢《ちゅうすう》で力を持つことはありませんでした。ちょうど綱吉が館林藩出身の柳沢吉保を重用したのと似ており、幕府に近い譜代《ふだい》大名たちの政治参加を防ごうとしたのは明らかでした。

詮房や白石が主導したこの時期の政治は、「正徳の治《しょうとくのち》」と呼ばれます。

まず、家宣は正妻に関白も務めた公家・近衛基熙《このえもとひろ》の娘《むすめ》である天英院《てんえいいん》を迎《むか》え、基熙を経由して幕府と朝廷の距離《きょり》が縮まりました。白石も朝廷との関係を重視しており、1710年（宝永《ほうえい》7年）に彼のアイデアで皇族継承者《けいしょうしゃ》の安定的な確保を目的とした閑院宮《かんいんのみや》家が創設されました。

続いて、白石は朝鮮からの通信使をめぐる外交文書の文言を変えます。家光の時代以降、朝鮮から発行される外交文書では、将軍を「大君《おおきみ》」と表現していましたが、「国王」と表現するよう指示しました。

これは、「大君」の呼称《こしょう》が朝鮮では天子を表し、天皇との混同に繋がることから、朝鮮の国王と対等な関係をつくることを目的にしたとされます。

一方、凶作《きょうさく》や飢饉《ききん》により疲弊《ひへい》していた経済は、綱吉時代に力を握《にぎ》っていた勘定《かんじょう》奉行《ぶぎょう》の荻原重秀《おぎわらしげひで》が、なお財政策を主導していました。実は、白石は繰《く》り返し「重秀は罷免すべき」と主張していたのですが、家宣の意向により職を得ていたのです。

江戸時代の宮家

称号	親王	続き柄
高松宮《たかまつのみや》	好仁親王《よしひとしんのう》	後水尾天皇（108代）の弟
有栖川宮《ありすがわのみや》	幸仁親王《ゆきひと》	後西天皇（111代）の息子
有栖川宮	正仁親王《まさひと》	幸仁親王の息子
有栖川宮	職仁親王《よりひと》	霊元天皇（112代）の息子
閑院宮《かんいんのみや》	直仁親王《なおひと》	東山天皇（113代）の息子
閑院宮	美仁親王《はるひと》	直仁親王の孫

度重なる願いでようやく重秀が職を追われたのは1712年（正徳《しょうとく》2年）のことで、白石は不正を糾弾《きゅうだん》して年貢《ねんぐ》収入を向上させる策に出ますが、この年に家宣が亡くなってしまいました。

その後、第7代将軍となったのは家宣の息子である徳川家継《いえつぐ》でしたが、年齢《ねんれい》はなんと4歳《さい》。さすがに政治を主導できるはずもなく、一時は尾張藩主《おわりはんしゅ》の徳川吉通《よしみち》を将軍とする話も出たほどです。

それでも結果的に家継が将軍となったことにより、補佐役《ほさやく》の詮房や白石の地位は安泰《あんたい》かと思われました。

ところが、この時期になると政治から遠ざけられていた譜代《ふだい》大名たちが不満を抱《いだ》き、その地位は脅《おびや》かされます。

そして、白石らの立場を苦しくする決定的な事件が

そのころ、世界では？

1713年ヴィルヘルム1世が王位に就く

強国に成長しつつあったプロイセン（後のドイツ）で国王に就任したフリードリヒ＝ヴィルヘルム１世は、「ユンカー」と呼ばれる土地貴族を官僚《かんりよう》や軍隊に登用。「軍人王」と呼ばれるほど軍備強化に尽力《じんりよく》し、プロイセンの軍事力は飛躍的《ひやくてき》に増大しました。

起こりました。1714年（正徳4年）、大奥《おおおく》で家継の母である月光院《げっこういん》に仕えていた絵《え》島《じま》らが、寛永寺《かんえいじ》・増上寺参拝の途中《とちゅう》に山村座で絵島と歌舞伎《かぶき》役者・生島新五郎《いくしましんごろう》の芝居《しばい》を見物し、酒宴《しゅえん》などに興じた結果、門限に遅《おく》れるという大失態を犯します。

現代であれば多少のお叱《しか》りで済む場面ですが、当時、大奥の女性たちの乱れが問題視されていたこともあり、絵島やその兄をはじめ多数の人物が処罰されました。

絵島の罪は月光院の嘆願《たんがん》により減刑《げんけい》されますが、のちに「絵島・生島事件」と呼ばれることになります。この事件が大きな騒《さわ》ぎになった背景には、大奥での月光院と家宣の正室だった天英院《てんえいいん》の勢力争いがあったとされます。月光院は白石や詮房《あきふさ》が支持し、天英院は彼らと対立する譜代《ふだい》大名が支持しました。

絵島・生島事件ののち、月光院の凋落《ちょうらく》が決定的となり、白石や詮房らの立場も苦しくなっていきます。白石は正徳金銀の発行による貨幣改鋳《かへいかいちゅう》や、海舶互市新例《かいはくごししんれい》の発布による金銀の海外流出阻止《そし》などの経済対策に取り組みましたが、立場の弱さは変わりませんでした。

そして、月光院と彼らにとって最大の不幸が訪れます。1716年（享保《きょうほう》元年）、わずか8歳《さい》の将軍・家継が病により亡くなったのです。

幼少ながら聡明《そうめい》だったと伝わり、すでに霊元《れいげん》天皇の娘《むすめ》である八十宮《やそみや》と婚約《こんやく》して権威《けんい》を高めていた家継の死は、彼を最後の拠《よ》り所にしていた月光院派の失脚《しつきやく》を意味しました。

ここに、正徳の治は終わりを告げます。

以後、白石や詮房は失脚《しつきやく》しますが、白石に関しては政治以外にも多数の功績があるため、それらを紹介《しょうかい》しましょう。

白石はもともと儒学者であり、諸大名の系図や家伝を整理した『藩翰譜《はんかんふ》』、家宣に講義していた日本史の講義案をまとめた『読史余論《とくしよろん》』、宣教を目的に日本を訪れ捕らわれた宣教師シドッチとの交流をもとに記された『采覧異言《さいらんいげん》』『西洋紀聞《せいようきぶん》』、自身と家宣や家継たちの活動をまとめた自叙伝『折《おり》たく柴《しば》の記』など、優れた著作を数多く後世に残しました。

白石の学問領域は、哲学・倫理学・史学だけでなく、言語学・文学・民俗学など、多岐にわたっていました。それゆえに学者として高く評価されていますが、当時は『日本最高の詩人』と見なされ、『白石詩草』という漢詩集は朝鮮や清、琉球など外国でも絶賛されたといいます。

正徳の治は志半ばに終わり、彼の政策の多くは「享保《きょうほう》の改革」によって方針転《てん》換《かん》されたものの、学者としての功績が消え去ることはないでしょう。

暴れん坊《ぼう》将軍の登場　―徳川吉宗《よしむね》―

綱吉政権下で混乱を極めていた1684年（貞享《じょうきょう》元年）、紀州徳川家に一人の男子が生まれました。その人物ののちの名は「徳川吉宗」。徳川将軍の中でもトップクラスの知名度を誇《ほこ》り、教科書などでも必ずその名を見る人物です。

彼の生まれた紀州徳川家は、万が一将軍の後継者《こうけいしゃ》が途絶《とだ》えた場合に備えて、尾張《おわり》徳川家・水戸徳川家とともに創設され、「御三家《ごさんけ》」と呼ばれます。

ここだけ見ると、吉宗の将軍就任も現実的に思えます。しかし、彼は「紀州徳川家の四男」でした。つまり、将軍どころか紀州のお殿様《との》にさえなれるか微妙《びみょう》な立場にあったのです。吉宗は分家筋として独立せず、兄のもとで一生を過ごす可能性もある「部屋住み」という身分でした。加えて、吉宗の母は身分が低かったため、吉宗は兄弟に差別されて育ったという話も残されています。

ところが、彼は1697年（元禄《げんろく》10年）に越前丹生郡《えちぜんにゅうぐん》（現在の福井県）に3万石の領地を与《あた》えられます。これには逸話が残っています。吉宗の父で紀州藩主・徳川光貞《みつさだ》が、将軍・綱吉の紀州邸御成の際、挨拶《あいさつ》するとき、息子たちを連れて出ましたが、吉宗は身分の低さから別の部屋に控えさせられました。しかし、老中の大久保忠朝《おおくぼただとも》が「光貞殿にはまだお子様がいます」と言ったことから、綱吉は吉宗を呼び寄せ、領地を与えたといいます。

領地は手に入れたものの、それでもまだ「紀州の四男坊《ぼう》」でしかなかった吉宗の運命が変わるのは、1705年（宝永2年）のことです。

この年、長男で紀州藩主《はんしゅ》の徳川綱教《つなのり》が亡くなり、二男はすでに亡くなっていたので三男の徳川頼職《よりもと》が跡《あと》を継《つ》いで紀州藩主になりました。ところが、頼職も同年中に亡くなり、さらに彼らの父も亡くなってしまうのです。

藩主が次々と亡くなる緊急《きんきゅう》事態は、普通《ふつう》なら不幸以

そのころ、世界では？

1707年大ブリテン王国が成立

同じ君主が二つの王国を支配する「同君連合」という政治体制をとっていたイングランドとスコットランドは、正式に一つの国となりました。その後、アイルランドを併合《へいごう》するも、南アイルランド地域が独立して現在のイギリスへと至ります。

外の何物でもないでしょう。吉宗にとっても辛《つら》いニュースだったと思いますが、これにより急遽《きゅうきょ》、吉宗の紀州藩主就任が決まり、歴史の表舞台《おもてぶたい》に登場するのです。

吉宗が紀州藩主になった時代、幕府をはじめ全国の藩で財政が悪化していました。吉宗は紀州藩の財政再建に乗り出し、徹底《てってい》した倹約《けんやく》で支出を減らす傍《かたわ》ら、農政や土木技術に長けた人々を重用し、大規模な新田開発や用水整備で収入の増加を目指しました。

同時に庶民《しょみん》からの声も広く聞き、優れた領民の表彰《ひょうしょう》や教育の普及《ふきゅう》などにも力を注ぎました。結果、財政改革は成功を収め、遠く江戸でも「紀州藩主《はんしゅ》は優秀《ゆうしゅう》らしい」とうわさが流れるほどでした。

しかし、それでも吉宗は「紀州の優秀な藩主」に過ぎず、将軍就任の道が開けたわけではありませんでした。

実際、彼が紀州藩主に就任した1705年（宝永《ほうえい》2年）時点で、第6代将軍の家宣《いえのぶ》は健在でしたし、1709年（宝永6年）には嫡男《ちゃくなん》の家継が誕生していました。いまだ、吉宗の出る幕はなかったのです。

ところが、1716年（享保《きょうほう》元年）、またしても吉宗は偶然《ぐうぜん》の出来事からチャンスを得ます。先ほど見たように、将軍・家継がこのタイミングで亡くなったのです。

8歳《さい》だった家継には、当然後継《あとつ》ぎがいません。ほかの家宣の子は立て続けに早世しており、綱吉のように家宣の兄弟を探そうにも、家宣自身が病弱で該当《がいとう》する人物がいませんでした。

ここで、万が一のために創設されていた御三家《ごさんけ》が注目されます。まず、家継が将軍職を継承《けいしょう》した時、もう一人の有力候補となっていた尾張《おわり》徳川家の徳川吉通《よしみち》でしたが、家宣の死後すぐ亡くなってしまいます。

その息子である五郎太《ごろうた》もまたすぐに亡

御三家

	尾張家	紀伊家	水戸家
初代（家康との関係）	**義直**（九男）	**頼宣**（十男）	**頼房**（十一男）
石高	**62万石**	**56万石**	**25万石**
官位	従二位 権大納言	従二位 権大納言	従三位 権中納言
付家老※	成瀬家、竹腰家	安藤家、水野家	中山家
将軍	–	吉宗（第8代）、家茂（第14代）	慶喜（第15代）

※幕府から付けられた家老

くなり、尾張藩主《はんしゅ》には吉通の弟だった徳川継友《つぐとも》が就任していました。

それでも、通常の将軍継承順序でいえば、継友の将軍就任が濃厚《のうこう》でした。なぜなら、御三家の中では尾張徳川家が一番格上とされていたからです。

しかし、最終的には吉宗の将軍就任が内定します。ここでなぜ吉宗が将軍になれたか、諸説があり、ハッキリしたことは分かりません。

継友は家宣の臨終の際に家継を補佐するよう遺命を受けておらず、遺命を受けた吉宗と水戸徳川家の徳川綱条《つなえだ》では、紀州のほうが家格で上回ったとする説、吉宗のほうが藩政に優れていたからとする説などがありますが、将軍の血筋が途絶《とだ》えた危機を考えると、紀州家と尾張家の激しい政争の結果とする見方もあります。

さらに、紀州藩主就任から将軍の地位を得るまで、吉宗の周りではあまりにも都合の良いタイミングで人が死んだことから、謀略説《ぼうりゃく》すらささやかれたほどでした。

いずれにしても、吉宗の将軍就任は、江戸幕府にとって決定的な出来事でした。なぜなら、それまで徳川秀忠《ひでただ》から受け継《つ》がれてきた「徳川宗家」の血統が途絶えたことを意味したからです。

同時に、今後は吉宗の血統、つまり紀州徳川家が将軍職を継ぐことを意味しました。これはほかの御三家、特に家格で上回っていた尾張徳川家にとってはかなり痛いニュースだったでしょう。事実、後に吉宗と尾張徳川家の対立は表面化します。

それでも、1716年（享保《きょうほう》元年）に将軍となった吉宗は、新井《あらい》白石《はくせき》や間部《まなべ》詮《あき》房《ふさ》らを罷免《ひめん》し、紀州藩時代の家臣・有馬《ありま》氏倫《うじのり》や加納《かのう》久通《ひさみち》、「大岡越前《おおおかえちぜん》」の名で知られる旗本の大岡忠相《おおおかただすけ》らを登用し、江戸時代最大の改革、「享保の改革」に着手するのです。

column 4

大《おお》岡《おか》政談

「大岡裁き」は実在しない？ 時代劇と史実の違《ちが》い

時代劇ファンなら誰《だれ》もが知っている「大岡越前」こと大岡越前守《おおおかえちぜんのかみ》 忠相《ただすけ》。公明正大ながら人情味あふれる名裁判で庶民《しょみん》を救った「大岡裁き」は『大岡政談』としてまとめられ、現代に至るまで愛され続けています。

しかし、『大岡政談』に収録されている物語は、その大半が日本や中国で過去に広まった裁判話でした。

つまり、『大岡政談』は歴史上の名裁判の話を集め、大岡越前の功績としてまとめられたフィクションだったのです。ただし、大岡忠相自身は実在の人物であり、すべてがフィクションではありません。では、実際の忠相はどんな人物だったのでしょうか。

旗本の家に生まれた忠相は、幕臣として順調にステップアップし、享保《きょうほう》の改革が始まると、町奉行《まちぶぎょう》や寺社奉行として活躍《かつやく》しまし

「大岡裁き」の有名な「子争い」のシーンはフィクションで、元は中国の裁判物語だ。

た。

彼は優秀《ゆうしゅう》な官僚《かんりょう》で、都市政策・農政改革や経済対策、官僚機構や公文書システムの整備などに力を尽《つ》くし、公明正大な態度でも人気を集めました。同時に、当時の幕府の立法・司法機関である評定所の構成員にもなり、実際に裁判官を務めました。

忠相の優秀さは死後も語り継《つ》がれ、庶民《しょみん》の娯楽《ごらく》である歌舞伎や講談の主人公となります。物語を面白くするために話は誇張《こちょう》され、『大岡政談』というフィクションが成立しました。

つまり、彼は庶民がつい功績を盛りたくなってしまうほど人気のある人物だったのです。

成功だった？　それとも失敗？　―享保《きょうほう》の改革―

吉宗が約30年間かけて実行した「享保の改革」は多岐《たき》にわたるため、ここでは分野別にその成果を紹介します。

まず、綱吉の時代から幕府最大の懸念《けねん》となっていた財政面。吉宗は徹底的《てっていてき》な倹約《けんやく》を指示し、自身も忠実に実行しました。同時に、ぜいたく品の製造を禁止するなど、緊縮に努めました。

一方、増収策として大名の領地1万石につき100石の米を幕府に上納させ、参勤交代での江戸滞在《たいざい》期間を半減する「上米《あげまい》の制」を導入します。ほかにも新田開発や用水整備に励《はげ》み、蘭学《らんがく》者の青木《あおき》昆陽《こんよう》にさつまいもの栽培《さいばい》を命じるなど、さまざまな手を打ちました。

結果、改革の成果で財政が安定する1731年（享保16年）には上米の制を廃止《はいし》するまでになりました。米価対策に腐心《ふしん》し、「米将軍」と呼ばれてもいます。

続いて、吉宗の江戸改造計画を見ていきます。吉宗は大岡忠相を江戸の町奉行《まちぶぎょう》に任命し、彼のもとで「いろは四十七組」という町人たちの火消部隊を組織させます。彼ら町火消《まちびけし》は江戸の火災を防ぐために活躍《かつやく》し、「江戸の華《はな》」と呼ばれました。

他にも、町屋の屋根や屋敷《やしき》を延焼しにくい瓦や貝がらなどに変えさせ、延焼を防ぐための火除地《ひよけち》を設けるなど、都市改造は防火対策を中心に進められました。

これは、先の明暦《めいれき》大火後の江戸の改造をもってしても、家が密集した江戸の街はまだ火災に弱かったことを意味します。

吉宗は、幕府の官僚《かんりょう》システムの整備にも乗り出しました。1723年（享保8年）、吉宗は「足高《たしだか》の制」を実行に移します。

従来は家の格ごとに禄米《ろくまい》が払《はら》われており、役職の遂《すい》行《こう》に必要な経費はそこから払《はら》われていました。しかし、

そのころ、世界では？

1722年清で康熙帝《こうきてい》が崩御《ほうぎょ》

南部の勢力が起こした反乱「三藩《さんぱん》の乱」の拡大により危機に瀕《ひん》していた清《しん》を、わずか20歳《さい》ながら優れたリーダーシップを発揮して救ったのが康熙帝です。康熙帝のもとで大国・清の中国支配が確立され、「大帝《たいてい》」と称《しょう》されました。

格の高い家だけに優秀な人材がいるとは限りません。

そこで、吉宗は今風に言えば、役職ごとに「基準給与《きゆうよ》」を定め、家格の低い人物がその役職に就いた場合、基準給与と家禄との差については、幕府が支給することにしたのです。これにより、優秀なのに家格の低い人物も、役職を遂行するための経費を確保できるようになり、出世が飛躍的《ひやくてき》に広まりました。

これと関連して、吉宗のブレーンとして活躍《かつやく》していた荻生徂徠《おぎゅうそらい》は、将軍への献策書《けんさくしょ》『政談《せいだん》』で書記職や公文書管理の重要性を説き、文書主義の普及《ふきゅう》に寄与しました。吉宗は実学や天文学、蘭学《らんがく》にまで関心を示し、文化的教養の高さがうかがわれます。

一方、清で普及していた教育勅諭《ちょくゆ》（教育に関する訓示）『六諭衍義《りくゆえんぎ》』を荻生徂徠に命じて訓読させ、さらに儒学者《じゅがくしゃ》の室鳩巣《むろきゅうそう》に命じて和訳させた『六諭衍義大意《たいい》』を庶民《しょみん》に学ばせました。以後、『六諭衍義大意』は当時の教科書的な役割を担います。

吉宗は1721年（享保6年）に目安箱を設置して庶民の意見を集め、その結果として無料病院である小石川養生所《こいしかわようじょうしょ》を設立するなど、庶民のための政策も実施《じっし》。

他方、将軍家のあり方も見直し、家康への尊敬を表すための日光社参を実施、鷹狩《たかがり》の再開と鷹場の整備、田安《たやす》家・一橋《ひとつばし》家・清水《しみず》家という徳川一門の「御三卿《ごさんきょう》」を新設しました。

ほかにも、江戸周辺の首都《しゅと》圏《けん》の整備や地方で起きた災害にも国家的な対応を行い、増加しつつあった借金関係の訴訟《そしょう》は当事者同士で解決することを指示し（相《あい》対済《たいすま》し令）、幕府の刑法《けいほう》をまとめた『公事方御定書《くじかたおさだめがき》』を作成するなど、改革は多岐《たき》にわたりました。

享保《きょうほう》の改革は財政の好転と政治の安定化に繋《つな》がり、吉宗は「幕府中興の祖」として、現代では「暴れん坊《ぼう》将軍」の形で親しまれています。

しかし、享保の改革は、後期になると庶民の支持を失っていきました。過度な倹約の強要や増税、改革への批判を徹底的《てっていてき》に封《ふう》じ込《こ》める姿勢が、庶民に不満を抱《いだ》かせたのです。

そのころ、世界では？

1732年イギリスが13植民地を形成

信教の自由を求めたイギリスの清教徒《せいきょうと》たちは、メイフラワー号などでアメリカに移住して植民地建設を始めました。着々と築かれていった植民地は13を数え、ここで現在のアメリカ合衆国に繋がる13植民地が形成されました。

1730年（享保15年）、吉宗の政治に真っ向から反発する大名が、御三家の尾張徳川家から現れました。徳川宗春《むねはる》です。

宗春は、藩主に就任した翌年に『温知《おんち》政要《せいよう》』という著作を出し、その中で「最近の幕府は規制が多すぎる」と述べています。宗春の主張は、「規制緩和《かんわ》」であり、規制を徹底して風紀の引き締《し》めを図る吉宗の姿勢とは正反対のものでした。

自由と個性を尊重した宗春の姿勢は人々の共感を集め、城下の名古屋は繁栄《はんえい》しました。宗春自身も、領民にもぜいたくや自由を許したからです。

しかし、吉宗はこれを許しませんでした。二人の対立は表面化しましたが、やがて宗春のぜいたく三昧《ざんまい》が藩《はん》の財政を直撃《ちょくげき》します。宗春も藩政《はんせい》の立て直しを図りますが、

吉宗と宗春の政策の違い

吉宗		宗春
細かな法令を出すことで、公平な裁判が実施できる。人より法	法令	細かな法令が増えると違反者も増える。法より人
大名から領地一万石につき100石の米を幕府に上納させて安定をはかる	財政	勧進能などの興行を許可、参詣の途中に茶店や売店を許可
君主から質素に。倹約で経済を立て直す	服装	君主が華美にすることで民間の経済を活性化する

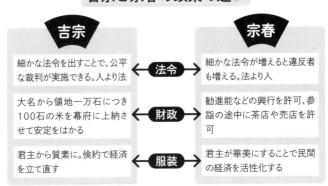

これを好機と見た吉宗の側近たちは尾張藩の重臣と謀《はか》り、クーデターにより宗春を失脚《しっきゃく》させたのです。

幕府は宗春のような藩主が登場することを警戒《けいかい》し、彼の罪は1764年（明和《めいわ》元年）に亡くなった後も許されませんでした。その汚名《おめい》が晴れたのは、なんと明治に入ってからのことです。

吉宗はなんとか宗春を抑えましたが、宗春の主張は広い支持を集め、庶民の不満は爆発《ばくはつ》寸前になっていました。1745年（延享《えんきょう》2年）、吉宗が息子の家重に将軍職を譲《ゆず》った際には、吉宗の交代を歓迎《かんげい》する声が上がったほどです。

以上のように、現代では「名君」と称《たた》えられる吉宗も、決して当時から大衆に支持されたわけではありませんでした。ただし、吉宗の行った数多くの改革は国家システムの安定化に繋《つな》がり、江戸時代後期にはさらに発展して、後の明治維新《いしん》に引き継《つ》がれた制度が多いのも事実です。

江《え》戸《ど》時代の偉《い》人《じん》❷

家康の孫で、水戸藩第2代藩主

徳川光圀

Tokugawa Mitsukuni

1628～1700

「水戸黄門《みとこうもん》」として愛された名君

徳川御三家《ごさんけ》の1つ・水戸徳川家に生まれた光圀《みつくに》は、現代では「水戸黄門」として知られる人物です。光圀は時の将軍・徳川家綱《いえつな》と並んで「文治政治」を志向し、殉死《じゅんし》の禁止や編纂局《へんさんきょく》「彰考館《しょうこうかん》」の設立でそれを実現。後世『大日本史』と呼ばれる大規模な史料編纂《へんさん》を行い、彼の死後に完成させます。一方、綱吉が将軍になった時代には彼の政治を堂々と批判するという、温和な「黄門様」のイメージとは異なる側面も持っていました。

そんな光圀ですが、ドラマでよく知られる、お供に助《すけ》さん格《かく》さんを連れて諸国を巡《めぐ》ったという話は事実ではありません。実際の光圀はほとんど江戸と水戸から出なかったとされます。18世紀半ばに、光圀の「史料編纂《へんさん》の調査で家臣を全国に派遣《はけん》した」「隠居《いんきょ》後に水戸領内を巡《めぐ》った」というエピソードにヒントを得て、今日の「水戸黄門」に繋《つな》がるイメージが創作されたのです。

第三章

揺れはじめた幕府の支配

――三人の老中の悲哀（１７４５～１８４３）

目立たぬ将軍の功績 ―徳川家重―

教科書などでは、享保《きょうほう》の改革ののち、すぐに田沼意次《たぬまおきつぐ》の政治が始まってしまいます。しかし、この間には第9代将軍・徳川家重《とくがわいえしげ》の治世がありました。

家重は1712年（正徳《しょうとく》元年）に吉宗《よしむね》の長男として生まれ、1745年（延享《えんきょう》2年）に将軍に就任しました。吉宗は、江戸の三大飢饉《ききん》の1つ「享保の飢饉」をなんとか乗り切り、享保の改革の成功により財政を安定させました。政治面も安定した時代でした。

家重は温和な性格でした。美しい草花を好んだほか、ほぼ一日中大奥《おおおく》におり、側近たちも彼《かれ》の姿を見ることはほとんどなかったといわれます。また、当時の身だしなみとして一般的《いっぱんてき》だった頭に油をつけることを嫌《きら》い、頭髪《とうはつ》はいつも乱れていたと伝わります。髭《ひげ》も伸び放題で、幕府で公式の儀式《ぎしき》がある際には、近習が機嫌を伺《うかが》いながらようやく髭を剃《そ》るありさまでした。他方、生まれつき病弱だったにもかかわらず飲酒を好んだ結果、言語障害を患《わずら》っていました。

そのため、彼の言葉を理解できる人はほとんどおらず、唯一《ゆいいつ》それが可能だったのは、

16歳《さい》から小姓《こしょう》として家重の身の回りの世話をしていた大岡忠光《おおおかただみつ》でした。忠光は大岡忠相《ただすけ》の親戚《しんせき》にあたり、家重の大きな信頼《しんらい》を得て側用人《そばようにん》となります。

実際は家重が全く政治に関与《かんよ》せず、政治はほぼ家臣に任せきりでした。しかし、忠光は絶大な信頼を得てもそれを利用せず、老中《ろうじゅう》たちとうまく連携《れんけい》して政治を取り仕切っていたようです。忠相の優れた人格や能力については先に触れた通りで、それが大岡家の教えとして忠光にも受け継がれたのかもしれません。

この時期の課題には、頻発《ひんぱつ》する農民一揆《いっき》への対処がありました。まず、1753年（宝暦《ほうれき》3年）に備後福山藩《はん》（現在の広島県福山市付近）で藩全体の領民が参加する大一揆が起こります。

また、美《み》濃《の》郡上八幡《ぐじょうはちまん》藩（現在の岐阜県郡上市付近）

そのころ、世界では？

1754年フレンチ=インディアン戦争勃発

北アメリカ大陸の領土支配をめぐり、イギリスとフランスの間で、植民地とアメリカの先住民をまきこんだフレンチ＝インディアン戦争が勃発。同時期に両国間では複数の戦争が起き、最終的に1763年のパリ条約締結《ていけつ》でイギリスが優位に立ちました。

でも大一揆が勃発《ぼっぱつ》し、大きな問題になりました。

郡上一揆のきっかけは、藩主・金森頼錦《かなもりよりかね》が藩財政の立て直しを図り、年貢《ねんぐ》の取り立て方を定免法《じょうめんほう》（過去数年の平均値から一定の年貢を徴収《ちょうしゅう》する方法）から検見法《けみほう》（毎年の収穫状況《しゅうかくじょうきょう》に応じて徴収《ちょうしゅう》する年貢《ねんぐ》が変わる方法）に変えようとしたことでした。

ここで年貢増加を恐《おそ》れた農民は反発します。城下町での強訴《ごうそ》（集団で強く反対を主張する行為《こうい》）、江戸へ出て老中への駕籠《かご》訴《そ》（駕籠で移動していた老中への直訴《じきそ》）、目安箱への訴状《そじょう》投げ入れなどの行為を繰《く》り返し、さらに美濃郡上藩が幕府から預かって支配していた越前《えちぜん》の白山中居《はくさんちゅうきょ》神社で神職たちが対立した石徹白騒動《いとしろそうどう》なども重なり、大きな騒《さわ》ぎとなりました。

暴力行為も発生し、家重は「一揆《いっき》がこれだけの大騒動になってしまったのは、誰《だれ》か幕府の要人が一枚噛《か》んでいるからではないか」と考え、評定所で審理《しんり》が行われます。

結果、藩主の頼錦は改易処分を受け、彼と関係のあった老中や若年寄《わかどしより》、大目付《おおめつけ》、勘定奉行《かんじょうぶぎょう》など要職についていた人物たちが次々と処罰《しょばつ》されました。他方、騒動を起こした農民も多数処罰され、両者に大きなダメージが残りました。

しかし、この事件で評定所に出席し、首尾《しゅび》よく審理《しんり》を裁いたことで、幕府内で着々と出世を遂《と》げたのが田沼意次でした。

一方、家重の時代には、後の時代に繋《つな》がっていく思想が顔を出し始めます。

医師の安藤昌益《あんどうしょうえき》は、幕府の政治体制である領主制を批判し、すべての人間が直接農業を行う「自然の世」への回帰を主張しました。徹底《てってい》した身分の平等と農業重視の姿勢は、後の社会主義・共産主義に通じる思想とも評価されます。

また、神道家《しんとう》の竹内式部《たけのうちしきぶ》は、天皇の歴史的正統性を主張し、「尊王論」を唱えます。1759年（宝暦《ほうれき》9年）に「宝暦事件」で処罰《しょばつ》されたものの、尊王論は幕末に引き継《つ》がれていきました。

そのころ、世界では？

1759年大英博物館が一般《いっぱん》公開される

医師のハンス・スローンが自邸《じてい》に集めていた動植物の標本や書籍《しょせき》の膨大《ぼうだい》なコレクションを、彼《かれ》の死後にイギリスが買い取ったことをきっかけに大英博物館が開館しました。現代に至るまで増改築を続け、世界最大の博物館として知られています。

赤字を防ぐための利益第一主義 ―田沼意次―

常に病気を抱《かか》えていた第9代将軍家重は、いよいよ体力の限界を迎《むか》えます。1760年（宝暦10年）、彼は将軍職を息子に譲《ゆず》り、徳川家治《いえはる》が第10代将軍となりました。

しかし、この時代を語る際に家治の名前はほとんど登場しません。なぜなら、彼が絶大な信頼《しんらい》を寄せた老中・田沼意次が政治を主導したからです。

意次は、かつて紀州徳川家に仕え、その当主である吉宗の将軍就任に伴《ともな》い幕臣となった田沼意行《おきゆき》の長男として、1719年（享保4年）に江戸で生まれました。そして意次16歳《さい》の頃《ころ》、吉宗の命で家重に仕える小姓《こしょう》の一人となりました。

家重が将軍になり、出世の道を歩み始めた意次は、将軍と家臣との橋渡《はしわた》しを担う御用《ごよう》取次《とりつぎ》となり、先に見た郡上一揆の裁定などを通じて頭角を現します。

それらの功により、1758年（宝暦《ほうれき》8年）には遠江国相良《とおとうみのくにさがら》（現在の静岡県牧之原市）の地に1万石を与《あた》えられ、大名に昇格《しょうかく》しました。父が600石の旗本だったことを考えると、まさに異例の出世です。

加えて、意次が異例だったのは、家重が将軍を退任した後も御用取次の立場であり続けたことでした。ここまで見てきたように、代替《だいが》わりの際には側用人などが罷免《ひめん》されるケースが多く、同じ職に留任するというのはかなりのレアケースです。

この理由については、家重は意次をたいそう信頼《しんらい》していたため「意次をそばにおけば役に立つ」と家治に伝え、彼がそれを受け入れたからといわれています。

意次は1767年（明和《めいわ》4年）に側用人に就任すると、1772年（明和9年）には老中になりました。

しかし、ここでまたもや異例の事態が起こります。なんと、意次は側用人と老中を兼任《けんにん》したのです。これが意次の権力を決定的なものにしました。

これまで、側用人や老中として権力を握《にぎ》った人物の

そのころ、世界では？

1773年ボストン茶会事件勃発《ぼっぱつ》

イギリスがアメリカ向けに輸出される東インド会社の茶に対し、税を優遇《ゆうぐう》した法律「茶法」の導入に反発したボストン市民は、同社の船を襲《おそ》って積み荷の茶を捨てるボストン茶会事件を起こしました。両者の対立は深まり、アメリカ独立戦争に繋《つな》がります。

名前を何人も挙げてきましたが、そのどちらも兼任《けんにん》した人物はいません。

そもそも、側用人とは「将軍の近くに仕える人物」、言ってしまえば秘書のようなものです。将軍が絶大な権力を持つと、秘書の発言力も増すので、政治に影響《えいきょう》を与《あた》えることもあります。

一方、老中は幕府官僚のトップです。実際は側用人のほうが力を持っていても、形式上は老中のほうが格上です。緊張関係にある両職を兼務したのです。

さらに、意次は、1783年（天明《てんめい》3年）に長男の田沼意知《おきとも》を若年寄に就任させます。若年寄は老中に次ぐ権力者なので、幕府の主要ポストは意次父子によって独占《どくせん》されたのです。

また、意次より年長だった老中たちは次々にこの世を去り、意次とともに老中になった人物たちは意次の親族となっていました。若年寄にも意次の親族がいたことから、これらのポストは意次の息がかかった人々のものになっていたのです。

さらに、自身の後任の御用取次になった稲葉《いなば》正明《まさあき》とも姻戚《いんせき》関係を結び、勘定奉行《かんじょうぶぎょう》や町《まち》奉行《ぶぎょう》にも意次と何らかの繋《つな》がりがある人物たちが据《す》えられました。

つまり、意次の政治を妨害《ぼうがい》する勢力は誰《だれ》一人としていなかったのです。後に触《ふ》れる大胆《だいたん》な改革が可能になった理由は、こうした絶対的な権力基盤にあります。

意次が直面した最大の課題は、なんと言っても財政的な苦しさでした。享保《きょうほう》の改革により一定の成果が上がったことはすでに述べましたが、この時期になると年貢による年貢確保が限界に達し、方針の転換《てんかん》を迫《せま》られます。

そこで意次は、これまでの幕府では考えられなかった大胆《だいたん》かつ積極的な景気刺《し》激策《げきさく》を実行に移します。

まず、意次は吉宗の時代に公認されて

要職についた意次と関連のある人物

人物	時期と職	意次との関係性
松平康福《まつだいらやすよし》	明和元年−老中	娘が意次の嫡男・意知の嫁
久世広明《くぜひろあきら》	天明元年−老中	意次の孫娘が孫の妻
水野忠友《みずのただとも》	天明元年−老中格 天明5年−老中	意次の子・意正を養子
牧野貞長《まきのさだなが》	天明4年−老中	意次の孫娘が息子の妻
太田資愛《おおたすけよし》	天明元年−若年寄	意次の孫娘を養女にもらう約束
井伊直朗《いいなおあきら》	天明元年−若年寄	意次の娘が妻
田沼意知《たぬまおきとも》	天明3年−若年寄	意次の息子

いた「株仲間《かぶなかま》」の結成を推奨《すいしょう》しました。

株仲間とは、同じ業界で商売をする人々が協力して結成した組合です。本来ならライバルにあたる相手との価格調整が発生するため、価格競争を防ぐことで物価の上昇《じょうしょう》を抑《おさ》える目的がありました。

そもそも組合に入らないと仕入れや販《はん》売《ばい》が困難になるため、商工業者に加入しない選択肢《せんたくし》はありませんでした。

こうなると、株仲間たちは特権的な商売が可能になるため利益を独占《どくせん》できますし、幕府も株仲間を公認するにあたっての税金である運上・冥加金《みょうがきん》などの収入が期待できます。意次はこれに目を付けた

株仲間の種類　2000近い株があった

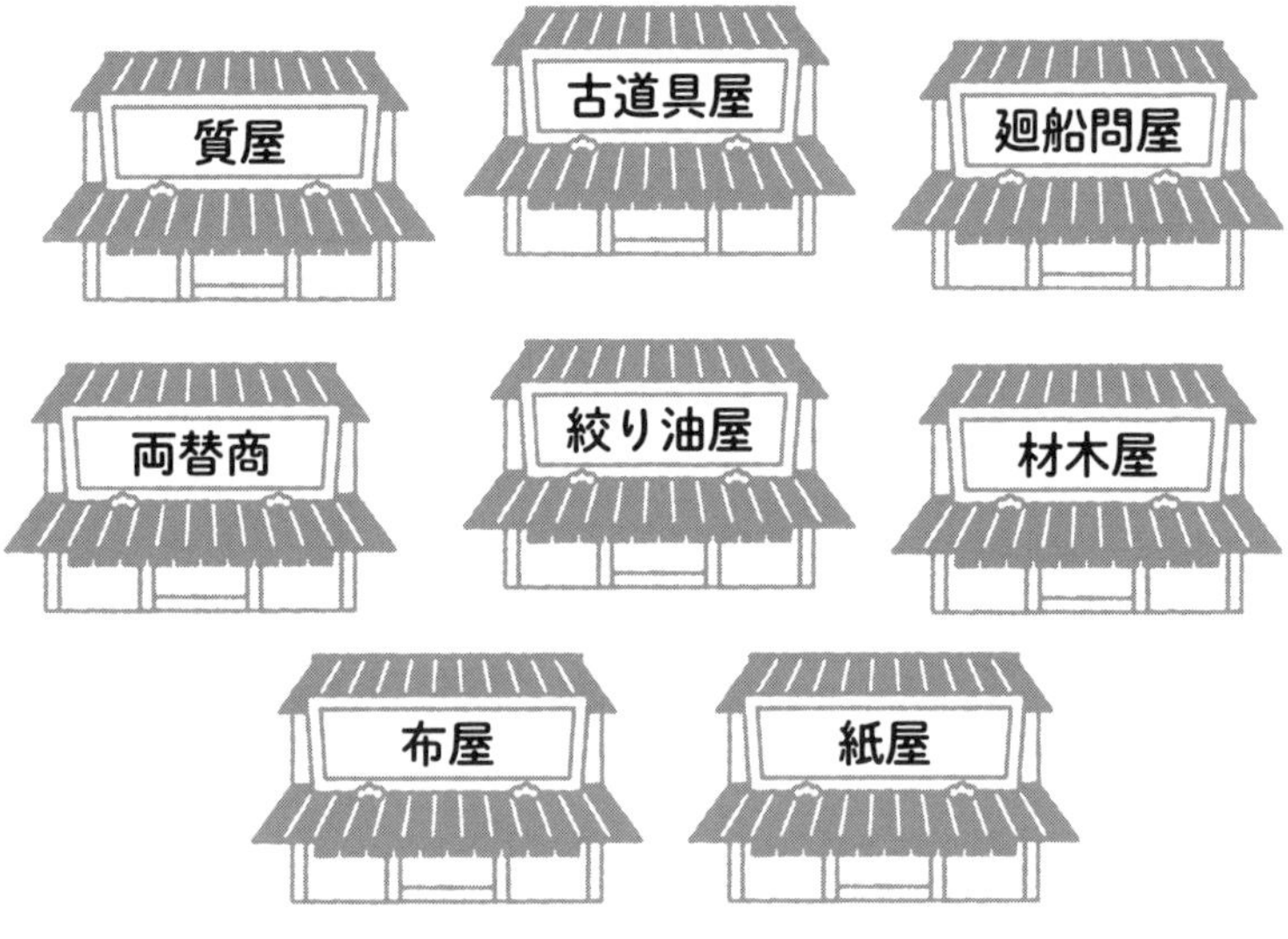

のです。現代に例えると、政府がある商品を独占的《どくせんてき》に売る権利を会社に与《あた》え、見返りに法人税を要求するようなイメージでしょうか。

さらに、幕府直営の座と呼ばれる独占的な営業を認められた組織をつくり、専売体制の整備を行いました。これは現代だと「タバコ」を専売している日本たばこ産業株式会社（JT）を思い浮《う》かべると分かりやすいと思います。

ほかにも金融《きんゆう》政策は目白押《めじろお》しです。新貨幣《かへい》を発行し、幕府主導の中央金融機《きんゆうき》関《かん》、つまり現代の日本銀行のような組織を作ろうとしました。

一方、意次は商人たちの力を借り、産業の振興《しんこう》にも力を入れます。意次は普及《ふきゅう》しつつあった朝鮮《ちょうせん》人参や白砂糖の本格的《ほんかくてき》な国産化に着手。一定の成果を上げています。

また、1784年（天明4年）に意次は下総国印旛沼《しもうさのくにいんばぬま》（現在の千葉県北部）の干拓《かんたく》工事（水を干上がらせて新田を設ける）にも着手しました。

ほかにも、アイヌとの交易を前提とした蝦夷地《えぞち》の開発計画や、長崎貿易の振興策《しんこうさく》を立案し、さらに天才発明家として有名な平賀源内らの力も借りて鉱山開発なども行い、利益を生み出そうとしました。

以上をまとめると、意次の政策は農業を重視した従来の政策と異なり、商業を重視して財政を立て直そうとしていたことが分かります。

こうした方針は「重商主義」と呼ばれ、当時のヨーロッパでも広まりつつあった経済政策でした。日本では、年貢《ねんぐ》収入が行き詰《づ》まりを見せており、有効な選択肢《せんたくし》であったと言えます。

飢《き》饉《きん》と重商主義の崩《ほう》壊《かい》 ―田沼時代の終焉《しゅうえん》―

ここまで意次の重商主義政策を見てきましたが、最終的にこれは失敗に終わりました。意次は諸大名、旗本や民衆から激しい反発に遭《あ》い、1784年（天明4年）に息子の意知が江戸城で斬《き》られて死亡する事件まで起こります。

これを機に、意次の権力は、以後急速に衰《おとろ》えていきます。1786年（天明6年）には老中を辞任すると、政策失敗の責任を取らされ、計4万7000石の領地没収《ぼっしゅう》と築城した相良《さがら》城の破却《はきゃく》、自身の謹慎《きんしん》が命じられました。

では、なぜ意次の政策は失敗に終わったのでしょうか。その理由は3つほど考えられます。

まず、意次の治世では大規模な災害や飢饉が発生しました。1783年（天明3年）に浅間山が噴火《ふんか》すると、甲信越《こうしんえつ》（山梨県・長野県・新潟県）から東北地方にかけて大量の火山灰が降り、作物の収穫《しゅうかく》に影響《えいきょう》を与《あた》えて飢饉を引き起こしました。

また、同年には東北地方が冷害による凶作《きょうさく》に見舞《みま》われ、翌年にかけて30万人以上の餓死者《がししゃ》を出したともされます。

この飢饉には藩《はん》の利益を優先させ、米を江戸や大坂に輸出した影響《えいきょう》もあり、幕府も総力を挙げて対応しましたが、庶民《しょみん》の生活は苦しくなる一方でした。

さらに、1786年（天明6年）には大雨によって関東で大洪水《こうずい》が発生。印旛沼《いんばぬま》（千葉県）の干拓《かんたく》工事が中止に追い込《こ》まれ、立て続けの災害で幕府の財政は疲《ひ》

そのころ、世界では？

1783年アメリカ合衆国が独立

イギリスへの反発に沸《わ》いていたアメリカでは独立宣言が出され、それを認めないイギリスとの間で独立戦争が繰《く》り広げられました。独立軍が勝利し、ペリー来航の70年前にあたる1783年に、パリ条約が締結《ていけつ》されてアメリカの独立が果たされました。

弊《へい》します。米価の上昇《じょうしょう》は止まらず、各地で打ちこわしが起こるなど治安は大きく悪化しました。

第二に、意次が「幕府の利益」を最重要視した結果、諸大名や庶民の反発を招いたのも失敗の原因に挙げられます。

意次は諸藩の治水工事への支援《しえん》を減らし、凶作に陥《おちい》った際の貸付金を停止するなど、「藩がどうなっても幕府が儲《もう》かればいい」と思わせるような政策を行い、人々の支持を失っていきました。

第三に、意次は急速な出世を遂《と》げたために、権力者らしい態度を身につけていなかったことが指摘《してき》できます。

意次の悪政の象徴《しょうちょう》として知られる「賄賂《わいろ》」ですが、実はそれ以前から幕府内で横行していました。意次は

そのころ、世界では？

1788年流刑《るけい》者がオーストラリアに到達《とうたつ》

現在ではオセアニア最大の国家として知られているオーストラリアですが、最初に島へ入った人々はイギリスで罪を犯した流刑者たちでした。オーストラリアは植民地として発展した後、1901年に実質的な独立を果たします。

商人との結びつきが強かったうえ、彼らからの献策《けんさく》や意見をかなり幅広《はばひろ》く取り入れました。これにより、幕府に取り入ろうとする人間たちから大量の賄賂を受け取ることになったのです。

もちろん、当時も意次だけが賄賂を受け取っていたわけではなく、幕府の役人たちも多数受け取っていました。これに対して、賄賂を防ぐ有効な手立てを打たず、横行させた責任もあります。

加えて、意次やその家臣たちは「教養不足」が指摘されることも多くありました。彼《かれ》らは家治の代になって突如雇《とつじょやと》われた者たちで、大名家として社会的に求められる教養や振《ふ》る舞《ま》いを身につけていませんでした。

これにより「粗暴《そぼう》な連中」と見なされてしまい、実態以上の批判がなされたとも言われています。

以上を見てみると、失政には確かに意次の責任もあります。しかし、そもそも幕府の政策や社会システムが限界に達しており、大逆転のギャンブルに失敗したと考えることもできます。これは、意次の後に老中として逆方向の改革政治を展開した松平定信《まつだいらさだのぶ》・水《みず》野忠邦《のただくに》の失敗を見てもいえるでしょう。

最後に、意次の人間性を見てみます。意次といえば「賄賂政治家」「悪徳政治家」として有名ですが、息子の意知《おきとも》を殺害して切腹を命じられた佐野善左衛門《さのぜんざえもん》は「佐野大明神」「世直し大明神」として人々に称《たた》えられ、反対に意知の葬列《そうれつ》では石が投げつけられたことも知られています。

意次が没落《ぼつらく》すると姻戚《いんせき》関係を結んだ人々から次々に離縁《りえん》され、1788年（天明8年）に寂《さび》しくこの世を去りました。

しかし、意外なことに意次のことを伝える記録からは、「律儀《りちぎ》」「謙虚《けんきょ》」といった性格が見えてきます。

家重《いえしげ》も家治《いえはる》に「意次は正直な人」と言い残しており、彼自身はむしろ人格者だったようにも思えます。

実際、意次は末端《まったん》の家臣までを大切にし、権力者になっても腰《こし》の低い謙遜《けんそん》家であったという証言が残っているほど。経済対策も、農業の行き詰《づ》まりを考えれば商業を重視するのは適切な判断だったでしょう。

能力が高く評価された意次は「はつめいの人」としばしば称《しょう》されました。「はつめい」は現代の意味と少し異なり、学問や知識に優れているという意味。意次は賢《かしこ》い切れ者と見られたのです。

しかし、正直で賢い意次の改革は失敗に終わり、後世には悪名ばかりが伝わりました。

むしろ、彼の生涯《しょうがい》からは、「人格者が妥当《だとう》な判断をしても世の中がよくなるとは限らない」という、政治の難しさを感じさせられます。

躍《やく》進《しん》する諸藩《はん》 ―地方に現れた名君たち―

江戸時代前期、地方の諸藩には「名君」と呼ばれる優秀《ゆうしゅう》な当主が出現しました。すでに触《ふ》れた水戸藩の徳川光圀《みつくに》をはじめ、家綱《いえつな》を支えた会津藩の保科正之《ほしなまさゆき》、藩政《はんせい》改革を遂行《すいこう》した加賀《かが》藩の前田《まえだ》綱紀《つなのり》、教育に力を注いだ岡山《おかやま》藩の池田《いけだ》光政《みつまさ》などが、その代表です。

しかし、政治の流れで見たように、綱吉《つなよし》以降の将軍は自身に権力が集中するよう工夫を重ね、側用人や御用取次などを重視しました。藩主たちの権力も制限され、相次ぐ凶作や幕府の財政難に連動して困窮《こんきゅう》する藩が増えていきました。

それでも、幕府の指導などによって藩政のシステムが整えられ、藩政改革に成功する藩も出てきます。

その1つが、上杉治憲《うえすぎはるのり》（鷹山《ようざん》）の米沢《よねざわ》藩です。1767年（明和4年）に藩主《はんしゅ》の座に就いた治憲は、さっそく藩政改革に着手します。

まず、困窮していた米沢藩を救うべく倹約《けんやく》を徹底《てってい》させ、農村支配機構の改革で農村の立て直しを図りました。

他方、桑《くわ》・漆《うるし》・楮《こうぞ》などの商品作物を育てさせ殖産《しょくさん》興業に努めるなど、財政難の解消に力を注ぎました。それだけでなく、民衆の教育政策を重視し、藩校・興譲館《こうじょうかん》を設置して藩士《はんし》の教育も充実させました。

米沢藩の藩政改革は、家老だった竹俣当綱《たけのまたまさつな》や莅戸太華《のぞきたいか》、儒者《じゅしゃ》の細井平洲《ほそいへいしゅう》などを登用して実行し、改革の手本として幕末まで注目されます。

また、同時期には同じく藩政改革を成功させた会津藩や松代《まつしろ》藩、熊本藩なども発展を遂《と》げました。

このような江戸時代中期の藩政改革には、共通している要素が3つほどありました。

1つは、農村改革を基本に据《す》えたこと。どの藩も財政難に悩《なや》まされていたので、年貢《ねんぐ》収入の増加が求められました。江戸中期は凶作や自然災害にも悩まされる

そのころ、世界では？

1765年イギリスが印紙法制定

イギリスは植民地のアメリカで発行される文書に印紙を貼《は》ることを求める課税策「印紙法」を制定しました。しかし、植民地がかかわれない本国議会での決定に反発は強く、「代表なくして課税なし」という言葉が生まれ、印紙法は後に撤回《てっかい》されました。

時代だったので、米を確保して飢《う》え死にを防ぐ目的もあります。

もう1つは、地元の特産品を生産して販売《はんばい》する殖産興業《しょくさんこうぎょう》を推進したことです。先の米沢藩の特産品や、熊本藩での製蠟《せいろう》（ろうそくなどの原料製造）などが知られています。

最後に、藩主たちは藩校を開いて教育を普及《ふきゅう》させたことが挙げられます。もともと、1669年（寛文《かんぶん》9年）に岡山藩学校をつくって以後、藩校は少しずつ諸藩に広まっていましたが、これが藩政改革によって各藩で競うように開かれたのです。

この時期に開校した有名な藩校としては、米沢藩の興譲館《こうじょうかん》・会津藩の日新館《にっしんかん》・熊本藩の時習館《じしゅうかん》などが挙げられます。国学者の本居宣長《もとおりのりなが》が伊勢国松坂《いせのくにまつさか》（現在の三重県松阪市）に開いた鈴屋《すずのや》、ドイツ人医師のシーボルトが長崎に開いた鳴滝塾《なるたきじゅく》などの「私塾《しじゅく》」も各地に広まりました。

中期藩政《はんせい》改革に見られた特徴《とくちょう》のうち、特に殖産興業と藩校の普及は藩の力を強め、江戸時代後期の諸藩の躍進に繋がります。

また、改革に成功した藩では、優秀《ゆうしゅう》な当主「名君」とそれを補佐《ほさ》する優秀な家臣「賢《けん》臣《しん》」がセットになって藩政改革が行われました。

そのため、藩政改革がこの時期の地方は「名君と賢臣の時代」といえます。

　しかし、改革に成功した諸藩がある一方で、改革に乗り遅れた藩、一時的に改革の成果が上がったものの、すぐ元に戻ってしまった藩などもありました。

　以後、経済は不況《ふきょう》に陥《おちい》っていきますが、幕府も衰退《すいたい》しつつあり、藩によって大きな格差が生まれた時代でもあったのです。

藩政改革に成功した主な藩

	当主と家臣	藩政改革の内容
米沢藩	当主：上杉鷹山《うえすぎようざん》 家臣：竹俣当綱《たけまたまさつな》・莅戸太華《のぞきたいか》	倹約令の実施、農村支配機構の改革、桑《くわ》・漆《うるし》・楮《こうぞ》など商品作物の生産奨励、織物技術の導入、藩校（興讓館《こうじょうかん》）創設
会津藩	当主：松平容頌《まつだいらかたのぶ》 家臣：田中玄宰《たなかはるなか》	倹約令の実施、農村支配機構の改革、朝鮮人参・紅花など商品作物の生産奨励、酒造の強化、藩校（日新館《にっしんかん》）創設
松代藩	当主：真田幸弘《さなだゆきひろ》 家臣：恩田木工《おんだもく》	倹約令の実施、民衆との対話を重視した財政改革、藩校（文武学校《ぶんぶがっこう》）の計画

column 5

江戸時代の旅行

庶民生活が豊かになり江戸時代中期から娯楽の定番に

旅行が現代と同じく庶民《しょみん》の娯楽《ごらく》になったのは、江戸時代のことでした。

江戸時代には、幕府の方針で全国の街道や宿場が整備され、治安も良くなり、気軽に旅ができるようになります。とくに、元禄《げんろく》時代になると庶民《しょみん》の暮らしも豊かになり、旅に出かける余裕《よゆう》が生まれました。

しかし、気軽に旅へ行けたのは富裕層《ふゆうそう》が中心で、一般の農民は旅へ出るのも苦労しました。なぜなら、金銭面だけでなく「遊び」の要素が強かったため、農業をおろそかにしていると考えられやすかったからです。

ところが、そんな農民たちでも、「信仰《しんこう》の旅」に出ることは許されました。これは遊びではなく、宗教的な行為《こうい》と見なされる風潮があったからです。

信仰の旅の行き先として人気だったのは、

edo column #5

おかげまいりは犬も参加

病気や経済的な理由から、自分で「おかげまいり」に行けない人は、飼い犬に行かせた。お伊勢参りをする周りの人が、餌などのサポートをした。この犬は、首にお札をつけており、お伊勢参りの帰りのようだ。

歌川広重「伊勢参宮宮川の渡し」より

現代でも広く信仰されている三重の伊《い》勢《せ》神《じん》宮《ぐう》。当時は「一生に一度は行きたい場所」と考えられ、村々では旅費を積み立てて、くじ引きで当せんした人が参拝に行ける組織「伊《い》勢《せ》講《こう》」をつくったほど。

また、数十年に一度、全国から一斉《いっせい》に数百万人が参拝する「おかげまいり」と呼ばれる参拝ブームが起こりました。宝永2年（1705年）や明和8年（1771年）のおかげまいりが有名です。

ただし、「信仰の旅」とはいっても、道中での食事や名所観光などを楽しみ、日常の息《いき》抜《ぬ》きになっていました。

文化の中心も江戸へ ―宝暦《ほうれき》・天明《てんめい》期の文化―

田沼意次の時代、結果的に政治は停滞《ていたい》し、意次は失脚《しっきゃく》に追い込《こ》まれましたが、規制が緩《ゆる》かったこともあり文化が発展します。

学問の世界では、日本古来の精神を研究する「国学」と、オランダ語を通じて西洋の知識を研究する「蘭学《らんがく》」が発展しました。

まず、国学を見ていきます。

国学のはじまりは、元禄《げんろく》時代とされています。この時代、実証的に古典を再解釈《かいしゃく》する風潮が生まれ、大坂の僧侶《そうりょ》・契沖《けいちゅう》らが活躍《かつやく》しました。

続いて、荷田春満《かだのあずままろ》が和歌と神道の関係を見つめ直し、彼の弟子だった賀茂真淵《かものまぶち》は神道と対立する儒教《じゅきょう》を批判。日本の古典の中に描かれた風景こそが、人間のあるべき姿と考えました。それを証明するために、『万葉集』などを中心とした古典を独自の視点から再解釈し、『国意考』などの著作を残しました。

その真淵に学んだのが本居宣長《もとおりのりなが》でした。宣長は、契沖の文献《ぶんけん》を用いた古典の再解釈手法と真淵の仏教や儒教伝来以前の日本的精神を見つめる「古道論」を組み合わせ、国学を大成させました。

彼は文学の本質を「もののあわれ」と捉《とら》え、『源氏物語』の研究成果『玉くしげ』をまとめるとともに、日本的精神の源泉として『日本書紀』や『古事記』を重視し、『古事記』の膨大《ぼうだい》な注釈書《ちゅうしゃくしょ》『古事記伝』を残しました。

次に、蘭学の発展について見ます。

蘭学の影響《えいきょう》を受けたマルチな天才が出現したのもこの時期で、エレキテルの復元で知られる平賀源内《ひらがげんない》や、西洋画の技法を取り入れ、画家や蘭学者として活躍《かつやく》し

主な国学者

契沖《けいちゅう》	『万葉代匠記《まんようだいしょうき》』『和字正濫鈔《わじしょうらんしょう》』
荷田春満《かだのあずままろ》	『万葉集童蒙抄《まんようしゅうどうもうしょう》』『伊勢物語童子問《いせものがたりどうじもん》』
賀茂真淵《かものまぶち》	『伊勢物語古意《いせものがたりこい》』『源氏物語新釈《げんじものがたりしんしゃく》』
本居宣長《もとおりのりなが》	『古事記伝《こじきでん》』『源氏物語玉《げんじものがたりたま》の小櫛《おぐし》』
平田篤胤《ひらたあつたね》	『鬼神新論《きしんしんろん》』『本教外篇《ほんきょうがいへん》』

た司馬《しば》江漢《こうかん》などがいます。

さらに、中国古典の研究も盛んになりました。

特に、中国の文芸界を牽引《けんいん》した「文人」の生活に関心が集まり、文人が描《えが》いた絵画「文人画」が流行します。当時の文人画家としてよく知られているのが、池大雅《いけのたいが》と与謝《よさ》蕪村《ぶそん》です。

大雅は独学で絵を学んだとされ、旅先で見た景色を描き、中国の模倣《もほう》にとどまらない独自の作風を築きました。俳諧《はいかい》師としても著名だった蕪村と合作で描いた『十便十宜《じゅうべんじゅうぎ》図《ず》』は、日本的文人画の記念碑《きねんひ》的作品です。

ほかに、中国の影響《えいきょう》を受けた写生画も発展しました。円山応挙《まるやまおうきょ》は写生を徹底《てってい》的に重視した独自の画風を生み出し、『雪松図屏風《ゆきまつずびょうぶ》』（国宝）などを描きました。京都に生まれて独自の写生画を描いた伊藤若冲《いとうじゃくちゅう》や、蕪村《ぶそん》や応挙に学んだ呉春《ごしゅん》なども知られています。

また、この時代は江戸時代の象徴《しょうちょう》ともいえる浮世絵《うきよえ》が流行しました。浮世絵師の鈴木《すずき》春信《はるのぶ》により、鮮《あざ》やかな多色刷りの「錦絵《にしきえ》」が広まり、やがて喜多川歌麿《きたがわうたまろ》と東洲斎写楽《とうしゅうさいしゃらく》が登場します。

こうした浮世絵師たちの登場は、出版文化の広まりとも深く関係しています。蔦屋重三郎《つたやじゅうざぶろう》は、貸本屋と小売店を兼業《けんぎょう》して財を成すとともに、出版物や浮世絵の仕掛《しか》け役、今日のプロデューサー役も担いました。

彼の仕掛けで、歌麿の美人画や写楽の役者絵は大ヒットし、「黄表紙《きびょうし》」の挿絵《さしえ》としても起用されました。黄表紙は現実を反映しつつ、洒落《しゃれ》や滑稽《こっけい》を売りにする絵を中心とした読み物で、今日の成人向けコミックのようなものです。

1775年（安永《あんえい》4年）刊行の恋川春町《こいかわはるまち》の作品『金々先生栄花夢《きんきんせんせいえいがのゆめ》』や、1785年（天明《てんめい》5年）刊行の山東京伝《さんとうきょうでん》の作品『江戸生艶気樺焼《えどうまれうわきのかばやき》』などが有名です。

しかし、老中の松平定信が「寛政《かんせい》の改革」で出版統制令を出し、関係者は処罰《しょばつ》されます。それでも、黄表

そのころ、世界では？

1774年『若きウェルテルの悩《なや》み』刊行

ドイツの作家・ゲーテは、青年のウェルテルが婚約《こんやく》者《しゃ》のいる女性・ロッテに向けた報われない恋《こい》の物語『若きウェルテルの悩み』を刊行しました。この作品は大ヒットし、ナポレオンも愛読者だったと伝わります。

紙作家はジャンルを変えて創作活動を続けていきました。

一方、文章を中心とした「読本《よみほん》」も盛んに読まれました。『雨月物語《うげつものがたり》』などを著した上田秋成《うえだあきなり》などの作家が有名です。

その他、特筆すべき点として、芝居《しばい》の発展が挙げられます。近松門左衛門《ちかまつもんざえもん》の去った浄瑠璃《じょうるり》界では竹田出雲《たけだいずも》が活躍《かつやく》し、『仮名手本忠臣蔵《かなでほんちゅうしんぐら》』などの優れたストーリーを生み出しました。

この時期から芝居の主役は歌舞伎《かぶき》となり、江戸を中心に市川団十郎《いちかわだんじゅうろう》（四代目と五代目）、尾上菊五郎《おのえきくごろう》（初代）などのスターが生まれました。彼らの活躍は写楽の役者絵などで広まり、江戸中では歌舞伎役者の衣装や立ち振る舞いなどを真似る文化が生まれました。

このように、宝暦・天明期は、文化の中心が、上方から江戸へ移り、大衆文化の色彩《しきさい》が強くなった点に特徴《とくちょう》があります。しかし、世間の統制を強めた寛政《かんせい》の改革によって停《てい》滞《たい》を余儀《よぎ》なくされました。

〝田沼恋《こい》しき〟定信時代 ―寛政《かんせい》の改革―

改革者として失敗した田沼意次の引退と、彼の庇護《ひご》者であった第10代将軍・家治《いえはる》が死に、幕政は新たな時代を迎《むか》えます。

家治には後継《あとつ》ぎとなる男子がいませんでした。そこで、家治は御三卿《ごさんきょう》の一橋《ひとつばし》家から養子を取ります。

すでに見たように、将軍に後継ぎがない場合の候補は「御三家《ごさんけ》・御三卿」の男子たちから出すことになっていました。その中でも今回、一橋家から将軍後継者《こうけいしゃ》が出た理由は、養子決定時にはまだ権力を持っていた田沼意次の弟や甥《おい》が一橋家の重臣だったため、身びいきで他家よりも有利になった可能性が指摘されています。こうして、第11代将軍・徳川家斉《いえなり》が誕生しました。

ところが、将軍就任時の家斉はまだ15歳《さい》。一人で政治を行うには若すぎるため、彼の補佐役《ほさやく》として老中・松平定信《まつだいらさだのぶ》が抜擢《ばってき》されました。

定信は、御三卿の田安《たやす》家の出身です。ただし長男ではなかったため、陸奥《むつ》白河藩主《はんしゅ》・

松平定邦《さだくに》の養子となりました。1783年（天明3年）に白河藩主となったものの、当時の東北地方は天明の飢饉の真っ最中でした。

定信は徹底した倹約と家臣や領民の統制によって対応し、有事に備えていた米のおかげもあって「一人も餓死者《がししゃ》を出さなかった」と伝えられます。

「一人も」の信憑性《しんぴょうせい》は微妙ですが、本当なら餓死者が続出した東北地方で、さらに藩への支援《しえん》を渋《しぶ》った意次政権下の功績として目を見張るものがあります。

こうした実績を買われ、定信は老中として、将軍・家斉を補佐《ほさ》することになりました。

定信は、田沼政治で問題となった事項《じこう》に対処していきます。

まず、彼は武士たちを武芸と学問に専念させると同時に、旗本や御家人《ごけにん》の借金を帳消しにする棄捐令《きえんれい》を発表。一方、その穴埋《あなう》めに旗本や御家人に金を貸していた札差《ふださし》には、猿屋町会所《さるやちょうかいしょ》という組織から2万両を貸し出して対応しました。

また、定信は意次の時代に起きた江戸の打ちこわしに対処すべく、江戸の治安維持《いじ》に力を入れます。江戸に出ていた下層民たちを地元の農村に帰そうと「旧里帰農令《きゅうりきのうれい》」を出す一方、軽犯罪者や身寄りのない人の更生施設《こうせいしせつ》として、石川島《いしかわじま》（現在の東京都中央区）

に「人足寄場《にんそくよせば》」を設置します。

　定信は町の運営費である「町入用《まちにゅうよう》」を節約し、その分を積み立てて困窮《こんきゅう》者への支援《しえん》に利用する「七分積金《しちぶつみきん》」という制度も開始しました。

　しかし、このような改革は困窮者を救うための救済策というより、荒《あ》れていた江戸の治安を引き締《し》めるための対策であったことには注意が必要です。

　事実、定信は徹底《てってい》して「清廉《せいれん》」と「忠誠」を重視し、その枠組《わくぐ》みから外れることを許しませんでした。

　定信は湯島《ゆしま》聖堂内で朱子学《しゅしがく》以外の儒学《じゅがく》の学習を禁じる「寛政《かんせい》異学《いがく》の禁」を出し、

先に見た性的な要素を含《ふく》む黄表紙の出版を禁じるなど、「風紀引き締《し》め」を名目に思想・表現の統制に乗り出します。

大衆だけでなく、旗本や諸大名にも厳しい倹約《けんやく》と忠誠を求め、不正や贅沢《ぜいたく》のない社会を目指しました。

他方、日増しに脅威《きょうい》となっていた異国への対抗策《たいこうさく》も講じ、ロシアの北方接近を警戒《けいかい》した警備体制などを築きました。

しかし、あまりにも厳格に清廉と忠誠を求めた定信の寛政の改革は、大衆だけでなく、幕臣、果ては将軍家斉とその父、一橋治済《はるさだ》とも対立するようになります。

彼らの対立が表面化したのは、1789年（寛政元年）から1792年（同4年）に朝廷と幕府の間で発生した事件、「尊号一件《そんごういっけん》」をめぐる対応でした。

そのころ、世界では？

1789年フランス革命勃発《ぼっぱつ》

絶対王政下のフランスでは中世以来の旧制度（アンシャン・レジーム）が揺《ゆ》らぎ、ブルジョワジーを中心とするフランス革命が勃発。王政は廃止《はいし》されて共和政になりますが、恐怖《きょうふ》政治により国内は混乱し、皇帝《こうてい》・ナポレオンの出現に繋《つな》がります。

これは、光格天皇《こうかく》が父の閑院宮典仁親王《かんいんのみやのりすけ》に「太上天皇《だいじょう》」という高い格式の称号《しょうごう》を与《あた》えようとしたところ、定信らは協議の末これを拒絶《きょぜつ》。さらに朝廷側の責任者の公家たちを朝廷への調整なく次々と処罰し、大きな騒動《そうどう》になったのです。

しかし、家斉や治済との対立が表面化した理由は、単にこの件だけではありません。家斉は、父・治済に「大御所《おおごしょ》」の称号《しょうごう》を贈《おく》ろうとしていたのですが、朝廷への建前としてこれも定信が拒否《きょひ》したのです。

治済はこれに腹を立て、さらに息子の家斉も20代に差し掛《か》かったことから、補佐役《ほさやく》の定信はもう不要だと認識しました。大衆や幕臣の支持を失っていたこともあり、1793年（寛政5年）に定信は老中を解任されました。

ここに寛政の改革は失敗するわけですが、意外なことに、定信の改革は意次に近い部分もあったと指摘《してき》されています。例えば彼は株仲間を解散させたりはせず、むしろ連続的な面が目につきます。

また、定信は老中引退後も白河藩主として活躍《かつやく》し、自叙伝《じじょでん》『宇下人言《うげのひとこと》』や古物図鑑《ずかん》『集古十種《しゅうこじっしゅ》』など、数多くの著作も残しています。

定信は教養人として確かな素養があり、また、蘭学《らんがく》や大衆文学を楽しむ一面もあったといわれます。儒教《じゅきょう》の精神で己を律した人格者でしたが、厳しく規制された大衆からは、「白河の　清きに魚の　住みかねて　もとの濁《にご》りの　田沼こひしき（定信の政治は白河のように清く正しいが住みにくく、かえって濁《にご》り切った田沼意次の政治のほうが恋《こい》しい）」と皮肉られました。

きしむ江戸幕府　―大御所・徳川家斉《いえなり》―

松平定信の失脚《しつきゃく》後、すぐに水野忠邦《みずのただくに》の「天保《てんぽう》の改革」が始まると思う方も多いでしょう。しかし、天保の改革が始まるのは1841年（天保12年）。実に50年近い期間があります。

この間に権力を握《にぎ》っていたのは、第11代将軍・家斉でした。家斉は、実は歴代将軍でいちばん在任期間が長かった人物です。

さて、家斉は定信を解任しつつも、定信の腹心、本多忠籌《ほんだただかず》を老中格（老中に準じる格）に、松平信明《のぶあきら》を老中に据《す》え置きました。そのため、寛政の改革は大きく路線を変えることなく「寛政の遺老」と呼ばれた幕閣によって継承《けいしょう》されていきます。

この時代の課題は、現実のものとなってきた異国の脅威《きょうい》への対処と財政難の解決でした。まず、定信時代の1792年（寛政《かんせい》4年）に漂流民《ひょうりゅうみん》の日本人、大黒屋光太夫《だいこくやこうだゆう》を送り届けるべく、ロシア人のラクスマンが皇帝《こうてい》の国書を持参して来航します。定信は光太夫の引き受けこそ認めたものの、国書の受け取りは拒否《きょひ》しました。

続いて、12年後の1804年（文化元年）には幕府との交易を求めてロシアからレザノフが来航しましたが、幕府はこれを徹底拒否。これでロシアとの関係は悪化し、レザノフの命令によるサハリン島や択捉島《えとろふとう》の襲撃《しゅうげき》が行われました。

幕府は深刻な危機感を抱《いだ》き、ロシア船の打払《うちはら》い令を出すと同時に、蝦夷地《えぞち》の要地へ防備兵を置きました。

ただし、幕府は外国との全面的な対決を望んでいたわけではなく、1806年（文化3年）には接近してきた異国船を可能な限り説得し、薪《まき》や水を与《あた》えて穏当《おんとう》に帰国させることを定めた「薪水給与令《しんすいきゅうよれい》」を出しています。

しかし、1808年（文化5年）に、イギリスの軍艦《ぐんかん》・フェートン号が長崎へ不法入港する「フェートン号事件」が起きるなど、幕府を取り巻く状況《じょうきょう》は深刻でした。

この間、国内で大きな改革が行われることはなく、幕府の課題はほぼそのまま放置されていました。

その後、1817年（文化14年）になると、寛政《かんせい》の遺老たちは高齢《こうれい》化し、家斉は新たな指導者として家斉の小姓《こしょう》から台頭した水野忠成《ただあきら》を中心に政治を進めていくことにします。

忠成は家斉からの信任を力に、身内で

1820年までに来航した異国船

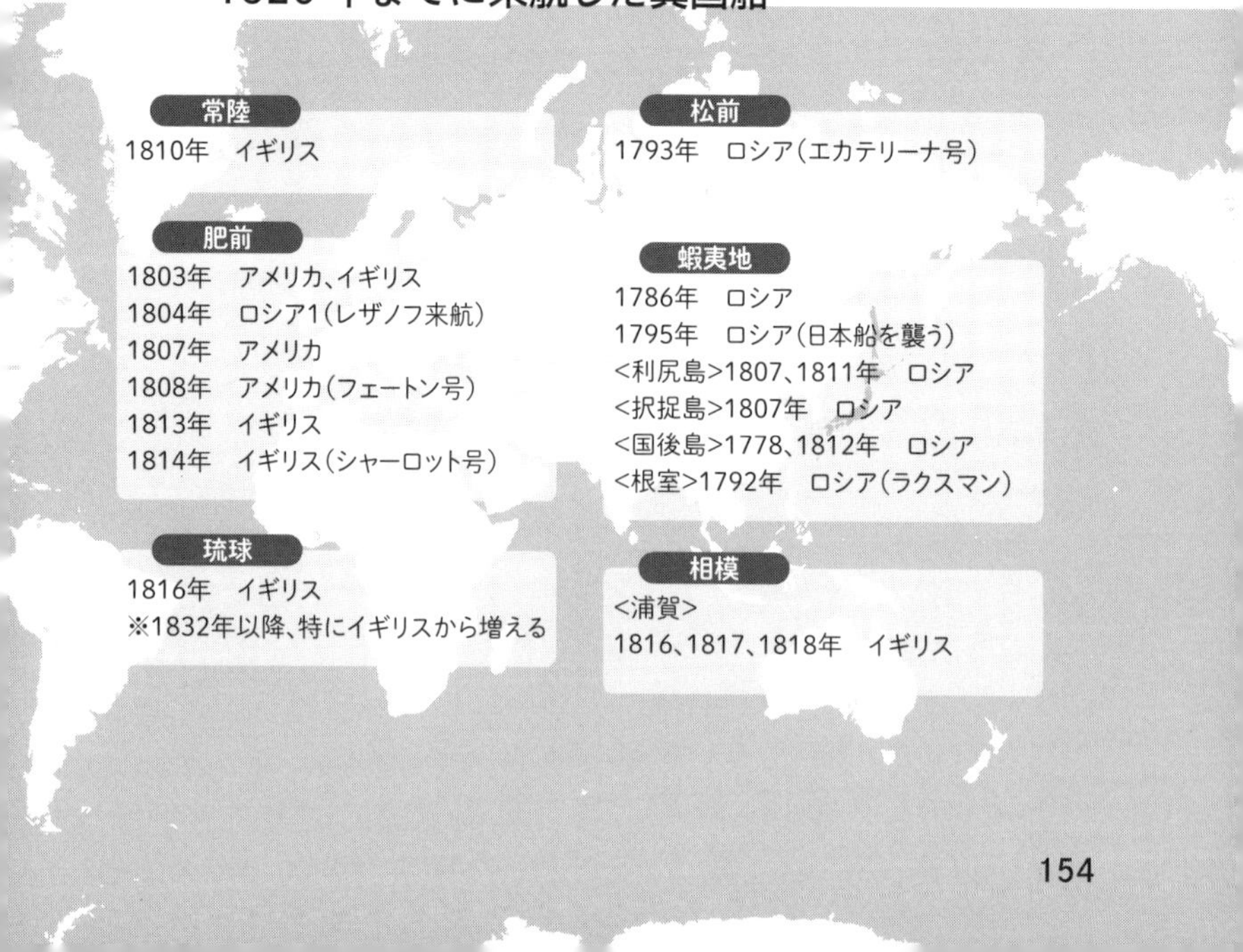

側近を固める田沼意次のような政治体制を築きました。案の定、当時の幕府内では賄賂や不正が横行しました。

そんな政治下でも、異国船の脅威《きょうい》は日増しに高まっていました。イギリス船の来航が相次ぎ、幕府は融和的《ゆうわてき》な方針を転換《てんかん》。1825年（文政8年）に「異国船打払令《いこくせんうちはらいれい》」を出し、強硬《きょうこう》な姿勢を見せるようになります。もっとも、異国船打払令の制定後も異国船の接近が絶えなかったのを見るに、諸外国の脅威にはなり切れなかったのでしょう。

一方、相変わらず幕府の収入は十分ではなかったうえ、家斉によるぜいたく三昧《ざんまい》の暮らしも財政を悪化させました。家斉は多数の側室を抱《かか》えた結果、彼女《かのじょ》たちの世話をする女中たちの人数や、生まれる子どもの数も膨《ふく》れ上がります。

また、生まれた子どもたちのうち、女性の多くは諸大名の家に嫁《とつ》いだため、諸藩は、彼女たちに江戸の大奥《おおおく》と変わらない暮らしをさせるために財政を悪化させました。

家斉の〝性豪《せいごう》〟ぶりの理由として、単純に将軍の後継《あとつ》ぎを確保する以上に、諸大名と血縁《けつえん》関係を築いて彼らの統制を図ったともいわれます。

しかし、家斉と血縁関係にある大名だけが得をしたり、将軍の子女を受け入れたことで諸藩のパワーバランスが崩《くず》れたりするなど、弊害《へいがい》もありました。

他方、忠成は財政難を解決するために8度も貨幣《かへい》を改鋳《かいちゅう》しました。貨幣の質を落として収益を確保し、貨幣流通量を増やしたことが評価される一方で、悪質な貨幣の流通が経済に混乱を招いたことも事実です。

また、1805年（文化2年）に「寛政《かんせい》の遺老」らが設置した関東の治安維持《いじ》を目的とする役職「関東取《かんとうとり》締《しまり》出役《しゅつやく》」を支えるため、1827年（文政《ぶんせい》10年）、関東の村々を、40か村ほどを目安として、組合を組織させる「改革組合村」が誕生します。

このような忠成の改革は「文政の改革」と呼ばれ、関東地域の治安の強化に役立ちました。しかし、幕府内の政治の乱れは相変わらず深刻だったことに加え、

そのころ、世界では？

1828年トルコマンチャーイ条約締結《ていけつ》

南下を目指すロシアとのイラン＝ロシア戦争に敗れたカージャール朝（イラン）は、ロシアとの間にトルコマンチャーイ条約を締結。ロシアに南カフカスの領土を譲《ゆず》るうえ、治外法権を許して関税自主権を失う不平等条約を結ばされました。

幕府は1832年（天保3年）から「天保の飢饉《ききん》」に直面します。

天保の飢饉は、享保の飢饉・天明の飢饉と並んで「江戸の三大飢饉」の1つとされます。1832年（天保3年）から翌年にかけては米の収穫が半減、1836年（天保7年）はとくに厳しく、米不足となりました。

各地で米不足が深刻化する中、1834年（天保5年）には忠成が死に、1837年（天保8年）には家斉が息子の家慶《いえよし》に将軍職を譲《ゆず》りました。ただし、家斉は「大御所政《おおごしょ》治」を行い、彼が死ぬ1841年（天保12年）まで権力を手放さなかったため、家斉の治世全体を「大御所時代《おおごしょじだい》」と呼ぶこともあります。

こうした政治体制の変化もあり、有効な対策を打てなかった幕府に対し、「大塩平八郎《おおしおへいはちろう》の乱」や「郡内一揆《ぐんないいっき》・加茂《かも》一揆」（郡内は現在の山梨県、加茂は現在の愛知県）に代表される反乱や打ちこわしが頻発《ひんぱつ》します。

いずれの抵抗も短期間で鎮圧《ちんあつ》されましたが、「幕府の政治は間違《まちが》っている」という風潮が広まり、幕府の支配体制が揺《ゆ》らぎました。

一方、この時代には世界的な気候の寒冷化が進み、「小氷期」に差し掛かっていたとする研究があります。実際、世界中が気温の低下から生じる異常気象に見舞われ、凶作や飢饉が起きました。

　これは日本も例外ではなく、特に天明・天保の飢饉の時は、異常気象だったといわれます。江戸で１ｍ近い積雪を記録したともいわれ、当時描かれた絵画では江戸の雪景色が多く見られます。

　このような気候の寒冷化は、大雨や洪水、冷夏などをもたらし、凶作による大飢饉を引き起こしました。大御所時代に数多くの問題があったことは事実ですが、人の手には負えない天候の不運にも見舞われていたのです。

異国とのかかわり ―蘭学《らんがく》と弾圧《だんあつ》―

松平定信は、異国とのかかわりに危機感を抱《いだ》き、対策を指示しましたが、「鎖国《さこく》」体制の成立以降、幕府がヨーロッパ諸国とどのようにかかわってきたかを見てみましょう。

幕府はオランダ経由で西洋知識を得ていきましたが、オランダが選ばれた理由は学問レベルが際立っていたからではなく、江戸初期の国際環境によるものでした。必然的にオランダ語（蘭《らん》語）の学習が行われたため、これらの学問は「蘭学」と称《しょう》されたのです。

日本における蘭学の始祖は、吉宗の項《こう》で紹介《しょうかい》した青木昆陽《あおきこんよう》とされます。吉宗は漢訳された洋書の輸入禁止を緩和《かんわ》し、１７４０年（元文《げんぶん》５年）に昆陽と本草《ほんぞう》学者の野呂元丈《のろげんじょう》にオランダ語の学習を命じました。

彼らがオランダ語を学んで蘭学の最先端《さいせんたん》に触《ふ》れ、それを弟子たちに伝えていったことで蘭学は飛躍的《ひやくてき》に発展しました。

蘭学が特に目覚ましい成果を上げたのは、医学の分野です。日本の医学が儒教《じゅきょう》と強く結びついている（漢方）ことは先に述べましたが、西洋の知識が広まるにつれ、従来の東洋医学に限界を感じる医師たちが現れます。

その一人が山脇東洋《やまわきとうよう》で、彼は実際に人体内部の構造を知ろうと、1754年（宝暦《ほうれき》4年）に日本初の解剖《かいぼう》を行いました。

当時はタブーだった人体解剖には反対論も根強かったのですが、検証を通じて従来の医学に疑問を呈《てい》する「実証主義」的な姿勢は、日本医学史を語るうえで欠かせない重要性をもちました。江戸で3人の医師が解剖を見学しました。杉田《すぎた》玄白《げんぱく》・前野良沢《まえのりようたく》・中川淳庵《なかがわじゅんあん》です。

彼らは蘭学、つまり西洋医学の心得があり、オランダ語訳された解剖書『ターヘル・アナトミア』の内容と解剖結果を照らし合わせ、その正確さに驚《おど》きました。

彼らはこの本を日本語に訳そうと決意し、翌日から

そのころ、世界では？

1769年イギリスで蒸気機関が改良される

1699年に実用化されていた蒸気機関ですが、スコットランドの技術者・ワットによって改良され、性能が飛躍的《ひやくてき》に向上しました。これによりさまざまな場面で動力機関として活用され、産業革命が達成される礎《いしずえ》となりました。

翻訳《ほんやく》作業に励《はげ》みます。この様子は後に杉田玄白が当時を回顧《かいこ》して作成した『蘭学《らんがく》事始《ことはじめ》』に詳《くわ》しく述べられていますが、辞書すらない時代の翻訳は困難を極めました。

それでも、3年半の苦労を経て、1774年（安永《あんえい》3年）に『解体新書』として出版されました。

『解体新書』の出版により解剖学の知識が広まるだけでなく、洋書を翻訳して学習することが当たり前になり、蘭学の学習効率が大きく向上しました。

玄白や良沢はその後も西洋医学やオランダ語の普及に努め、彼らの影響《えいきょう》を受け

た大槻玄沢《おおつきげんたく》は『蘭学階梯《らんがくかいてい》』という蘭学の入門書を出版。玄沢の私塾《しじゅく》「芝蘭堂《しらんどう》」からは宇《う》田《だ》川玄真《がわげんしん》、橋本宗吉《はしもとそうきち》など優れた蘭方医《らんぽうい》を輩出《はいしゅつ》しています。

医学と並んで天文学も発展しました。不備が目立つようになっていた渋川春海《しぶかわはるみ》の貞享暦を補正した「宝暦暦《ほうれきれき》」は、天文学を学んだ間重富《はざましげとみ》と高橋至時《たかはしよしとき》の手で「寛政暦《かんせいれき》」に改められました。しかし、蘭学の学習は進みましたが、当時すでにオランダは学問の最先端《さいせんたん》でなく、江戸時代後期以降、英語やフランス語、ドイツ語などを使った洋学の学び直しを余儀《よぎ》なくされます。

また、現実の脅威《きょうい》である西洋への備えとして、世界地理や防衛に関する知識も向上しました。至時の弟子の伊能忠敬《いのうただたか》は、日本中を歩いて測量を重ね、日本最初の実測日本地図『大日本沿海輿地全図《だいにほんえんかいよちぜんず》』を製作します。

しかし、西洋との関係を警戒する幕府により、処罰《しょばつ》される人々も現れます。

1791年（寛政《かんせい》3年）、江戸湾《わん》の防備を主張する書籍《しょせき》『海国兵談《かいこくへいだん》』などを出版した林子平《はやししへい》が、幕府の出版統制に違反《いはん》するとして蟄居《ちっきょ》処分を言い渡《わた》されます。

さらに、1828年（文政《ぶんせい》11年）には、オランダ商館に医師として来日していたシーボルトをめぐる「シーボルト事件」が勃発《ぼっぱつ》。シーボルトは幕府の天文方《てんもんがた》で高橋至時《たかはしよしとき》の子の高橋景保《かげやす》らと交流し、持ち出し禁止の日本地図などを持ち出そうとしたため、国外追放処分となりました。

景保をはじめとする多数の関係者も処分され、蘭学者たちに衝撃《しょうげき》を与《あた》えました。

しかし、シーボルトは国外追放後も『日本』などの著作を通じてヨーロッパに日本文化を紹介《しょうかい》し、海外で日本趣味「ジャポニスム」が流行するきっかけをつくりました。シーボルトの追放解除後、息子たちも来日し、アレクサンダーはお雇い外国人の外交官として、ハインリヒは考古学で多くの功績を残しました。

このように、蘭学を通じて西洋の知識が新たな知見をもたらすと同時に、異国の脅威にも直面するなど、

そのころ、世界では？

1829年カトリック教徒解放法が出る

イギリスでは、審査《しんさ》法によりカトリック教徒は公職に就けませんでした。しかし、1801 年に併合《へいごう》されたアイルランドの人々は大半がカトリックだったため、差別反対運動を展開。審査《しんさ》法の廃止《はいし》とカトリック教徒解放法の制定に繋《つな》がりました。

良くも悪くも異国が身近になった時代でした。

文化の中心も江戸へ ―化政文化―

定信が失脚《しっきゃく》後の大御所時代では、ぜいたく三昧《ざんまい》だった家斉の影響《えいきょう》もあって各種の規制が緩《ゆる》み、再び文化が発展を見せます。この時代が文化・文政年間だったことから、当時の文化を「化政《かせい》文化」と呼びます。

以前の教科書では、宝暦《ほうれき》・天明期の文化も「化政文化」の範囲《はんい》に含《ふく》まれていましたが、現在は、寛政《かんせい》の改革による文化の停滞《ていたい》や文化的な特徴《とくちょう》の違《ちが》いから、宝暦・天明期と化政期の文化は区別されています。

まず、絵画の世界では浮世絵《うきよえ》がさらに発展し、歌川広重《うたがわひろしげ》や葛飾北斎《かつしかほくさい》など江戸時代屈指《くっし》の浮世絵師が登場します。広重は火消《ひけし》の家に生まれながら、絵を書くことを好み、浮世絵に専念しました。やがて絵の才能を開花させて『東海道五十三次《とうかいどうごじゅうさんつぎ》』などの傑作《けっさく》を残しました。一方、北斎は、型にはまらない独自の画風で注目され、40代以降に人気が上昇。

『富嶽三十六景《ふがくさんじゅうろっけい》』に代表される風景画をはじめ、様々な絵を描きました。なお、彼は「画狂老人卍《がきょうろうじんまんじ》」など一風変わった雅号《がごう》を名乗り、何十回も引っ越すなど、個性的な生き方をし、90歳という長寿を全うしました。

そんな彼らの絵画は日本以上に海外で高く評価され、フランスのゴッホやモネも日本画を収集し、模倣したり、着想を得て描いた作品もあります。

一方、文学の世界では、成人向けの読み物の黄表紙への弾圧《だんあつ》から、伝奇的傾向の読本《よみほん》が流行するようになりました。黄表紙作家からの転向で大ヒット作を出したのが、滝沢馬琴《たきざわばきん》です。

1814年（文化11年）から刊行された『南総里見八犬伝《なんそうさとみはっけんでん》』『椿説弓張月《ちんせつゆみはりづき》』などの傑作《けっさく》は、歴史上の出来事をベースに、それまでの読本より大衆受けするスト

そのころ、世界では？

1813年『高慢と偏見《こうまんへんけん》』刊行

イギリス人作家のジェーン・オースティンは、主人公のエリザベスが婿選《むこえら》びの過程で揺《ゆ》れ動く様子を描いた恋愛《れんあい》小説『高慢と偏見』を刊行。普遍的《ふへんてき》な人間のあり方を描写《びょうしゃ》した本作は同時代から高く評価され、日本では夏目漱石《なつめそうせき》が絶賛しています。

ーリーになっていることが特徴《とくちょう》です。

こうした読本の大ヒットは、絵を主体にした長編文学「合巻《ごうかん》」にも影響《えいきょう》を与《あた》え、柳亭《りゅうてい》種彦《たねひこ》が描いた『偐紫田舎源氏《にせむらさきいなかげんじ》』などの仇討《あだう》ちや御家騒動《おいえそうどう》を描いた物語が好まれました。

また、洒落本《しゃれぼん》にあった滑稽味《こっけいみ》を受け継《つ》いだのが「滑稽本」で、十返舎一九《じっぺんしゃいっく》の『東海道《とうかいどう》中膝栗毛《ちゅうひざくりげ》』がよく知られています。この本は当時の旅行ブームも相まって、旅のガイドブックとしても親しまれました。

この時期には女性も本を読むようになり、女性読者を意識した「人情本」というジャンルもあります。為永春水《ためながしゅんすい》の『春色梅児誉美《しゅんしょくうめごよみ》』が代表作ですが、後に触れる「天保の改革」により厳しく処罰されました。

芝居《しばい》の世界では、鶴屋南北《つるやなんぼく》が書いたグロテスクかつホラー的要素を盛り込《こ》んだ『東海《とうかい》道四谷怪談《どうよつやかいだん》』などが大ヒット。しかし、芝居もまた天保の改革の影響《えいきょう》を受けます。それでも、文学や芝居は広く大衆の娯楽《ごらく》として受け入れられ、裕福《ゆうふく》ではなかった町人までもが楽しめるようになりました。町には芝居小屋が並び立つ一方、茶道や華道《かどう》、書道などの芸術を習うために、町人や農民はこぞって入門し、家元制度の確立に繋《つな》がったといわれます。

また、高価な工芸品や盆栽《ぼんさい》、園芸植物なども盛んに流通し、産業の発展に繋《つな》がりました。

このように、化政文化の時代は、内容的には宝暦・天明文化を継承《けいしょう》しつつも、さらに洗練させ、文化の担い手・受け手が大衆へ広がっていったという特徴《とくちょう》があります。

このの ち、幕政の動揺《どうよう》により、幕府権力は衰退《すいたい》していきますが、いわゆる「江戸文化」はこの時期に完成されたといえます。

化政文化期の書籍

column 6

江戸時代の出版事業

浮世絵・文学の流行を支えた江戸時代の貸本業

江戸時代の本は高価で、庶民《しょみん》が気軽に買えるものではありませんでした。

それでも、江戸の大衆に広く読書文化が広まった背景には、「貸本屋」の存在が大きく影響《えいきょう》しています。

貸本屋とは、文字通り本を貸し出して収益を上げるレンタルショップのことです。貸本料は購入《こうにゅう》する場合の5分の1から8分の1程度とされ、手軽に本を楽しめました。西洋ではグーテンベルクの考案した活版印刷により本の大量製造が可能になっていましたが、木版印刷が主流の日本では大量生産ができず値段を下げられなかったのです。

1808年（文化5年）には江戸に656人の貸本屋がいたとされ、彼らはひとりあたり、おおよそ170人から180人の顧客《こきゃく》を持っていたといいます。どれだけ貸本が一《いっ》

絵草紙屋の蔦屋耕書堂《つたやこうしよどう》という店先を描いている。入り口に店主の蔦屋重三郎の名前入りの看板がある。売出し中の山東京伝の著作や狂歌本の宣伝が並んでいる。

『画本東都遊』より「絵草紙店」葛飾北斎画

般的《ぱんてき》なものだったかが分かります。

貸本屋の中には利益を上げると、それを元手に自らが作者を抱《かか》え本を出版する、出版社のような業者も出現しました。本が読まれることで作家たちは儲《もう》かり、さらに挿絵《さしえ》を担当する浮世《うきよ》絵師たち職人の収入にも繋《つな》がったのです。

本の流通と文芸の振興《しんこう》に貢献《こうけん》した貸本屋には、もう一つ重要な役割がありました。彼らは幕府が出版統制により禁書とした書物を、貸本として流通させていたのです。

これにより禁書になった書物も読者の元へ届けられましたが、他方、貸本屋が幕府から処罰《しょばつ》されることもありました。

金権政治家の野望　―天保の改革―

さて、大御所・徳川家斉《いえなり》の死によって、混乱した政治を改革するチャンスが生まれました。当時の第12代将軍・徳川家慶《いえよし》は、家斉政権下で力を持っていた人々を処分し、かわって1841年（天保12年）に新たに老中になった水野忠邦《ただくに》を中心に「天保の改革」が開始されました。

忠邦は、「享保・寛政の改革こそ模範《もはん》である」と考え、政治の回帰を目指します。

まず、天保の飢饉や家斉のぜいたくによって危機に瀕《ひん》した幕府の財政を救うべく、株仲間の解散を命じて商売の自由化と物価引き下げを狙《ねら》いました。しかし、株仲間の解散は市場に混乱をもたらし、経済は上向きません。

また、幕府は「御《お》取り締《し》まりのため」という名目で江戸・大坂十里四方の諸大名や旗本の領地を没収《ぼっしゅう》し直轄地《ちょつかつち》にする「上知令《あげちれい》」を発布。忠邦の狙いについては諸説ありますが、大名・旗本や農民から「幕府が良い土地を強引に支配しようとしている」と不満の声が強まり、あえなく撤回《てっかい》に追い込《こ》まれました。

さらに、農村人口を増やすために人返《ひとがえ》し令を出したものの、これもほとんど効果は上がりませんでした。

他方、当時脅威《きょうい》となっていた外交問題でも動きが見られます。天保の改革が始まる前の１８３７年（天保8年）、忠邦は漂流民《ひょうりゅうみん》の送還《そうかん》と通商を求めたアメリカ船モリソン号を、異国船打払令《いこくせんうちはらいれい》に基づき打払った「モリソン号事件」に遭遇《そうぐう》します。

この一件以降、幕府は江戸湾《わん》（東京湾）の防備体制を固めましたが、１８４０年（天保11年）に衝撃《しょうげき》の知らせが飛び込《こ》んできました。

なんと、日本をはるかにしのぐ大国・清《しん》が、イギリスとのアヘン戦争に敗れつつあるというのです。さらに、オランダ側から「対応次第でイギリスは日本と一戦交えることも辞さない」という情報ももたらされま

そのころ、世界では？

1840年アヘン戦争が勃発《ぼつぱつ》

イギリス・インド・清の三国における三角貿易により清国内でアヘンが流行し、吸引者の増加と財政難を招きました。清はアヘンを厳しく取り締《し》まりますが、これを不服としたイギリスは派兵し、アヘン戦争が勃発。清は大敗、世界に衝撃が走りました。

す。

　そこで、忠邦は軍事力強化を図り、西洋式装備の導入を画策しました。しかし幕府内には保守強硬派《きょうこうは》の意見も根強く、導入は順調には進みません。

　また、忠邦《ただくに》はいたずらに異国を刺激《しげき》することを恐《おそ》れ、異国船打払令《いこくせんうちはらいれい》を転換《てんかん》し、かつて出された薪水給与令《しんすいきゅうよれい》をすべての異国船に適用することを決めました。

　一方、忠邦は享保・寛政期の秩序を取り戻《もど》すべく、文化の統制にも力を注ぎます。寄席の数を大幅《おおはば》に減少させたうえで内容にも口を出し、江戸の歌舞伎《かぶき》三座（中村座、市村座、森田座）を強制的に

天保の改革の主な取り組み

文化	出版物はすべて出版前に幕府機関が検閲
商業	江戸の十組問屋《とくみどんや》の株仲間解散、全国の問屋株仲間解散
農業	江戸に出稼ぎにきている人へ帰農を奨励、新たに農村から江戸へ移住することを禁止する「人返し令」発布。農村へ倹約と出稼ぎの許可制実施
外交	打払令の撤回、薪水給与令発布

移転させるなど、芝居《しばい》は大きな打撃《だげき》を受けます。さらに、出版物の検閲《けんえつ》も進め、多数の文化人が処罰《しょばつ》されました。

このような忠邦の改革は、当然ながら諸大名から民衆まであらゆる層の反発を受けました。結局、先に見た上知令への反発が引き金となり、1843年（天保14年）には老中を罷免《ひめん》されて失脚《しっきゃく》しました。

忠邦の改革は、十分な成果を上げられませんでした。しかし、これは忠邦だけの責任ではなく、限界があった年貢中心の収入や、増大し続ける支出など、幕府の財政そのものに根本的な問題があったと考えるべきです。

最後に、忠邦個人について触《ふ》れておくと、彼はかなり出世欲が強く、賄賂《わいろ》の活用やライバルの排除《はいじょ》、権力者への接近などあらゆる手段を用いて出世をしたことが明らかになっています。実際、老中罷免後に一度老中に復職しましたが、1年足らずで数々の不正が明るみとなり、蟄居《ちっきょ》処分を言い渡《わた》されました。

彼は不遇《ふぐう》のまま約7年もの謹慎《きんしん》生活を送り、1851年（嘉永《かえい》4年）に人知れず亡くなっています。あらゆる手を使って権力を追い求め続けた男の最期は、あまりにさびしいものでした。

躍進《やくしん》する諸藩《はん》 ―幕末の主役たちの登場―

19世紀に入ると各地に「マニファクチュア（工場制手工業）」と呼ばれる生産形態が興ってきます。

これは、裕福《ゆうふく》な地主や商人が工場を建て、そこに奉公人《ほうこうにん》として労働者を集める生産方式でした。すでに産業革命による自動化が進んでいたイギリスなどとは異なり手作業が主でしたが、分業・協業が行われたのです。

また、寺子屋や私塾《しじゅく》の普及《ふきゅう》で全国的に教育のレベルも高まり、識字率の高さは諸外国から来た人々をも驚《おどろ》かせることになります。

しかし、全国の諸藩は財政難に陥《おちい》り、この時期、諸藩の改革センスが問われました。ここで改革に成功した藩は、やがて訪れる幕末の政局で主導権を握《にぎ》ることになります。

薩摩《さつま》藩《はん》は明《みん》や清《しん》と強い結びつきがあり、貿易で栄えていた琉球《りゅうきゅう》王国を事実上支配したことで、諸藩とは異なる収入源がありましたが、それでも財政的には逼迫《ひっぱく》していました。しかし、第8代藩主《はんしゅ》・島津《しまづ》重豪《しげひで》のもと調所《ずしょ》広郷《ひろさと》が改革の担い手になると、琉球貿易の拡大や専売制の充実《じゅうじつ》、実質的な借金踏《ふ》み倒《たお》しなどの策で、財政を好転させました。

その後、広郷は琉球との密貿易問題の責任を取って自害しますが、こうして生まれた蓄《たくわ》えが幕末の軍事力強化に繋《つな》がっていきます。

一方、長州藩は薩摩藩以上に財政が困窮《こんきゅう》し、歴代藩主は人材育成と産業振興《しんこう》で財政立て直しを図ります。

財政健全化には長い時間がかかりました。1838年（天保9年）に第13代藩主・毛利《もうり》敬親《たかちか》の登用した村《む》田《た》清風《せいふう》による専売制改革や洋学・洋式装備の導入によって成果を上げますが、彼もまた失脚を余儀なくされ

そのころ、世界では？

1839年オスマン帝国《ていこく》でタンジマート開始

帝国内の独立運動と西洋諸国の介入《かいにゅう》により危機に瀕《ひん》したオスマン帝国は、アブデュルメジト1世のもとで大規模な西欧《せいおう》化改革「タンジマート」に踏《ふ》み切ります。しかし、改革は国民の支持を得られず、帝国は急速に衰退《すいたい》していきました。

ます。それでも、彼の政策は長州藩が躍進《やくしん》する礎《いしずえ》となりました。

ほかにも、後に新政府軍となる肥前藩なども藩政改革で成功しており、着々と力を蓄《たくわ》えていました。

一方、幕末に幕府方の諸藩でも改革が進んでいました。

例えば、水戸藩は1829年（文政12年）に第9代藩主《はんしゅ》となった徳川斉昭《なりあき》によって藩《はん》政《せい》改革が実行され、藤田東湖《ふじたとうこ》や戸田銀次郎《とだぎんじろう》ら改革派の人材を登用。領内の総検地や藩校《はんこう》「弘道館《こうどうかん》」の創設など、数々の改革によって幕末のキーマンとなります。

また、備中松山藩では、第7代藩主・板倉勝静《いたくらかつきよ》が儒学者の山田方谷《やまだほうこく》を登用して藩政改革を進めました。財政立て直し策によって、藩の借金が消え、黒字転換《てんかん》を実現させます。勝静はその功績から、老中として動乱する幕政を支えることになりました。

このように、幕末に大きな影響《えいきょう》を与えた諸藩は、後の新政府軍・旧幕府軍ともにこの時期の改革によって結果を残した藩がほとんどです。

一方、石高《こくだか》や家格《かかく》の面で強みのあった藩が、幕末ではほとんど存在感を発揮できないケースもありました。

「加賀百万石《かがひゃくまんごく》」の規模を誇《ほこ》った加賀藩は、藩政改革を繰《く》り返す一方、禁門の変（政変で京都を追われた長州藩が、会津・薩摩藩などと蛤《はまぐり》御門付近で交戦し敗れた事件。蛤御門の変）が勃発《ぼっぱつ》した際に次期当主の前田《まえだ》慶寧《よしやす》が戦場から逃《に》げ出して処《しょ》罰《ばつ》されるなど、ほとんど活躍の場がありませんでした。

徳川御三家で最高の格を誇っていた尾《お》張《わり》藩も、幕末には藩内部をまとめきれず、最終的に新政府軍に味方するも新政府からほぼ恩恵《おんけい》を受けられませんでした。

幕末での影響力《えいきょうりょく》は、すでに石高や家格では表しきれなくなっていたのです。

江　戸　時　代　の　偉　人　❸

江戸の超《ちょう》マルチクリエイター

平賀源内

Hiraga Gennai

1728 ～ 1779

多方面で活躍《かつやく》した奇才《きさい》

讃岐《さぬき》国（現在の香川県）の蔵番《くらばん》（紙を納める蔵を管理する仕事）の家に生まれた源内は、長崎の遊学を経て江戸で本草学を学びました。

源内は多方面でマルチな才能を発揮し、日本最初の物《ぶっ》産会開催《さんえかいさい》、火浣布《かかんぷ》（石綿などでつくった不燃布）の製作、エレキテルの実験など、多彩《たさい》な活躍を見せます。

一方、芸術にも造詣《ぞうけい》が深く、戯作《げさく》者・浄瑠璃《じょうるり》作者・画家として多数の作品を世に残しました。

こうした実績から幕府や高松藩《はん》に召《め》し抱《かか》えられて殖産《しょくさん》興業策に関わりましたが、こちらはあまり成果が上がらず、彼《かれ》の支援者《しえんしゃ》も集まりませんでした。

失意の源内は、誤って人を殺して収監《しゅうかん》され、そのまま獄死《ごくし》します。現代では評価の高い源内ですが、当時は十分評価されず、彼自身も不満を述べています。生まれるのが早すぎた奇才だったのかもしれません。

第四章

江戸幕府の終わり

——開国と戦乱の時代（1843〜1867）

幕末思想の源泉 ―諸学問の発展―

幕末期、異国船の接近による動揺《どうよう》から、「倒幕《とうばく》」思想がもたらされたことは広く知られています。この倒幕運動を支えた「尊王攘夷《そんのうじょうい》」の思想の背景を、以下に見ます。

幕末の思想に大きな影響《えいきょう》を与《あた》えたのは、水戸藩《はん》で生まれた学問「水戸学」でした。先に徳川光圀《みつくに》の『大日本史』編纂《へんさん》や、学問重視の姿勢で学問が盛んだった水戸藩で、藩主・斉昭《なりあき》の改革によって、多数の人材が登用されました。

さて、斉昭に登用された藤田東湖《ふじたとうこ》・会沢正志斎《あいざわせいしさい》などは、改革を推進する過程で、幕府は乱れ果て、異国の脅威《きょうい》も差し迫《せま》っている「内憂外患《ないゆうがいかん》」の状況《じょうきょう》に危機感を抱《いだ》きます。

彼らは、国内の乱れを「民心の離反《りはん》」が原因と考え、天皇を中心とする祭祀《さいし》を基本に民心を統合しようと考えました。一方、異国の脅威に立ち向かうには、これも天皇中心の「国体」への忠誠を重視しました。

こうした思想が、「天皇を敬い異国を討つ」という「尊王攘夷論」に繋《つな》がっていくのです。

ただし、水戸学そのものは幕府を否定したわけではなく、倒幕思想を根付かせたのは水戸学に影響を受けた長州藩の吉《よし》田松陰《だしょういん》によるところが大きいとされます。松陰は私塾《しじゅく》「松下村塾《しょうかそんじゅく》」で、水戸学をベースに、倒幕色の強い思想を、高杉晋《たかすぎしん》作《さく》や山県有朋《やまがたありとも》、伊《い》藤博文《とうひろぶみ》などの志士たちと意見を戦わせながら広めていきました。

松陰は後に処刑《しょけい》されますが、彼が倒幕思想に多大な影響を与えたことは間違《まちが》いないところです。

一方、水戸学に影響を与えた「国学」に新たな展開が見られたのもこの時期の特徴《とくちょう》です。

本居宣長《もとおりのりなが》の影響《えいきょう》を受けた国学者・平田篤胤《ひらたあつたね》は、人間の死後の世界を重視し、同時に家や村々に伝わる神を国家神と結びつけることで、地域に生きる人々に広く支持されました。

篤胤の編み出した独自の国学は「復古神道《ふっこしんとう》」と呼ばれ、水戸学に比べると、地方の豪農《ごうのう》や神官に広く支持され、在野の尊王攘夷運動に繋《つな》がっていきました。

松蔭の教えや復古神道は、尊王攘夷とのかかわりが深い思想ですが、他方で農政家たちも独自の思想を展開しました。勤勉な人物として知られ、全国の小学校に像が建てられた二宮尊徳《にのみやそんとく》（金次郎《きんじろう》）や、協同組合の先駆《さきが》けとされる「先祖株組合《せんぞかぶくみあい》」を立ち上げた大原幽学《おおはらゆうがく》などが有名です。

こうした思想が広まる一方、幕府も洋学を真剣《しんけん》に研

そのころ、世界では？

1856年クリミア戦争が終結

オスマン帝国《ていこく》の敗北によるロシアの地中海進出を恐《おそ》れたイギリス・フランスがロシアに宣戦布告をして、クリミア戦争が勃発《ぼっぱつ》しました。最終的にはロシアが敗北し、南下政策が頓挫《とんざ》するとともに、近代化改革の必要性に迫《せま》られました。

究するようになります。幕府天文方に「蕃書和解御用掛《ばんしょわげごようがかり》（洋学書の翻訳《ほんやく》機関）」が作られ、洋学研究が本格化し、宇田川榕菴《うだがわようあん》や青地林宗《あおちりんそう》など優れた蘭学者を輩出《はいしゅつ》します。

1856年（安政3年）に、蕃書和解御用掛は「蕃書調所《ばんしょしらべしょ》」に格上げされ、これが現在の東京大学に繋《つな》がっていきます。

民間では緒方洪庵《おがたこうあん》の「適塾《てきじゅく》」が発展し、多くの優れた蘭学者を輩出する一方、蘭学者の弾圧事件「蛮社の獄《ばんしゃのごく》」も発生しました。モリソン号事件をめぐる幕府の世界情勢を無視した対応に対し、蘭学者の高野長英《たかのちょうえい》は『戊戌夢物語《ぼじゅつゆめものがたり》』、渡辺崋山《わたなべかざん》は『慎機論《しんきろん》』を著し、厳しく批判します。結果、二人は処罰されますが、事件の背景には幕府内部の保守派と開明派の対立があり、開明派の失脚《しっきゃく》を狙《ねら》った保守派による政治疑獄《せいじぎごく》の側面があったとも指摘されます。

この事件は洋学者たちに衝撃《しょうげき》を与えますが、水戸学と並んで吉田松陰《よしだしょういん》に多大な影響を与えた開国派の佐久間象山《さくましょうざん》が現れるなど、西洋への関心は強まる一方でした。

以上が、江戸後期から幕末期に流行した大まかな思想・学問です。こうした思想が、藩政改革に成功した藩と結びつき、倒幕に至るのです。

開国か攘夷《じょうい》か　―動揺《どうよう》する幕府―

幕府では、水野忠邦《ただくに》の失脚《しっきゃく》後、老中に就任した阿部正弘《あべまさひろ》が政治を主導しました。

しかし、ここで幕府に最大の危機が迫《せま》ります。１８５３年（嘉永《かえい》6年）、「黒船」に乗ったペリー一行が来航し、幕府に開国を迫ったのです。ペリーの手法はこれまでの異国船と異なり、軍事力を背景に強引に開国を迫るものでした。

加えて、ペリー来航直後に将軍・家慶《いえよし》が死に、ひ弱で将軍の資質に欠けるとされる第13代将軍・徳川家定《いえさだ》が将軍になりました。アヘン戦争での清《しん》の敗北もあり、幕府は難しいかじ取りを迫られます。

それでも、老中・阿部正弘は返答を1年先延ばし、ペリーを帰国させました。その間、正弘は、諸藩の大名たちにも積極的な意見を求める異例の判断を下しました。その結果、開国を支持する大名が多かったことから、正弘は開国を決断します。そして、約束通り翌年にペリーが再来航、アメリカとの間に「日米和親条約」を結び、「鎖国《さこく》体制」は終わりました。

一連の過程は、江戸幕府が完全にアメリカの言いなりになったようにも見えます。しかし、実際は大学《だいがく》頭《のかみ》・林煒《あきら》を中心とした交渉団《こうしょうだん》を組織し、議論を重ねて幕府側の主張を伝えています。

以後、正弘は広く世間の意見を募《つの》り、品川の台場建設や大船建造の解禁、西洋式軍備の導入による軍制改革を行いました。これは「安政の改革」と呼ばれます。同時に正弘は、旗本の勝海舟《かつかいしゅう》や川路聖謨《かわじとしあきら》など大胆《だいたん》な人材登用を行い、疲弊《ひへい》しきった幕府に新たな風を吹《ふ》き込《こ》みました。

しかし、幕府では開国派と攘夷派に分かれて熾烈《しれつ》な勢力争いが繰《く》り広げられ、正弘はなんとか両者の顔を立てつつ政権を運営したものの、1855年（安政2年）に老中を堀田正睦《ほったまさよし》に譲《ゆず》り、その後急死しました。

そのころ、世界では？

1856年アロー戦争勃発《ぼっぱつ》

清《しん》の役人が船舶《せんぱく》に掲《かか》げられたイギリス国旗を引きずり下ろした「アロー号事件」を口実に、イギリス・フランスは清に対してアロー戦争を仕《し》掛《か》けました。大敗した清《しん》は不平等条約の天津《てんしん》条約・北京《ペキン》条約を結ばされ、日本の開国にも大きな影響《えいきょう》を与《あた》えました。

正睦は通商を求めていたアメリカ総領事のハリスと交渉《こうしょう》を重ねますが、これに猛烈《もうれつ》な批判を浴びせたのが徳川斉昭《なりあき》でした。

正睦はアロー戦争での清の惨敗《ざんぱい》を目の当たりにし、なるべく有利な形でアメリカと貿易を始めようと考えましたが、斉昭の暴走は止まりません。

一方、不適格と見なされていた将軍・家定の後継者《こうけいしゃ》をめぐる争いも激化。紀州藩主・徳川慶福《よしとみ》を支持する紀州派と一橋慶喜《よしのぶ》を支持する一橋派に分かれて熾烈《しれつ》な政争が繰《く》り広げられました。

紀州派を構成したのは、譜代《ふだい》大名や大《おお》

紀州派と一橋派の関係図

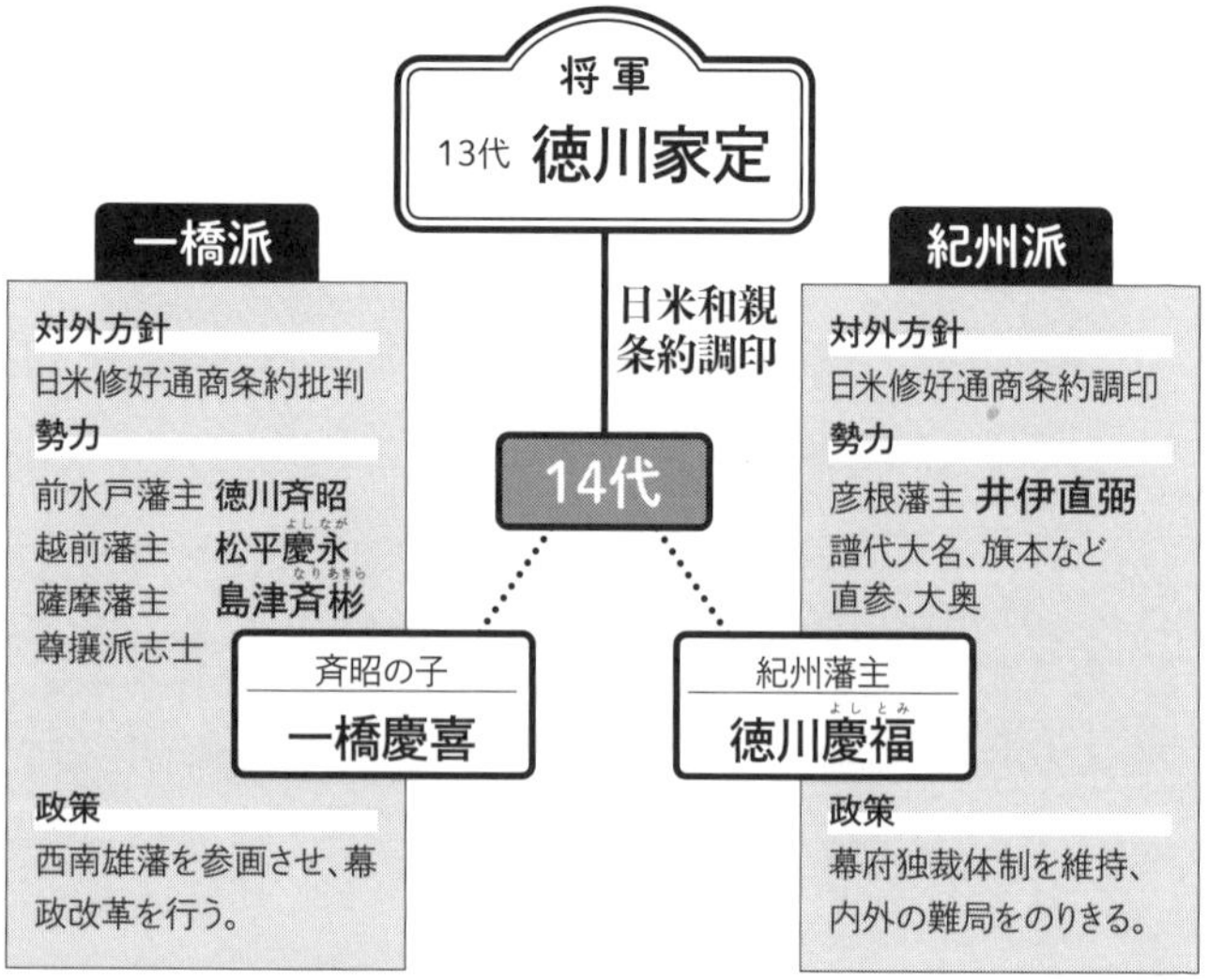

奥《おく》、将軍の近臣たちで、一橋派を構成したのは一門や外様大名たちでした。

ただ、老中の正睦も慶喜を支持しており、慶喜の次期将軍内定は手の届くところまで来ていたともいえます。

しかし、肝心《かんじん》の家定が慶喜をひどく嫌《きら》っており、慶喜の父である斉昭の強烈《きょうれつ》な個性もあって、家定の妻で島津《しまづ》家出身の篤姫《あつひめ》（天璋院《てんしょういん》）をはじめとする大奥の女性たちの中でも慶喜反対論は根強かったといいます。

考えてみれば、これまでの将軍継承者《けいしょうしゃ》は「将軍の実子」を前提としており、家定と篤姫にしてみれば、自分たちの子どもが生まれる以前から次期将軍候補者の話題が出てくることは、不快だったでしょう。

そして、アメリカとの通商問題と次期将軍問題が絡《から》み合うなか、紀州派の支持を集めた井伊《いい》直弼《なおすけ》が大老に就任し、事態は大きく動き出します。

以上の幕政の動乱は、幕府が安定していた時期には考えられないものでした。構図を見ると、将軍権力の弱体化により諸大名や老中が各々の意見を主張し合い、支配体制が大きく揺《ゆ》らいでいることが分かります。

そしてこれは、歴代の将軍たちが自身の権力を高め、諸大名たちとの上下関係を明確にし、「血脈」によって厳格に将軍継嗣《けいし》順位を定めることで防ごうとした事態でした。

そのため、このような対立が生まれてしまった時点で、もはや幕府の命運は風前の灯となっていたのです。

さて、将軍・家定は先ほど見たように諸大名から「不適格」と見なされていました。

一方で、側近たちからは「不適格ではない」という声も上がっており、評価が大きく分かれます。しかし、彼は

将軍と続き柄

将軍	続き柄
第２代　秀忠（ひでただ）	家康の３男
第３代　家光（いえみつ）	秀忠の次男
第４代　家綱（いえつな）	家光の長男
第５代　綱吉（つなよし）	家光の４男→家綱の養子
第６代　家宣（いえのぶ）	綱重（家光の３男）の長男→綱吉の養子
第７代　家継（いえつぐ）	家宣の４男
第８代　吉宗（よしむね）	光貞（家康の孫）の４男
第９代　家重（いえしげ）	吉宗の長男
第10代　家治（いえはる）	家重の長男
第11代　家斉（いえなり）	一橋治斉（吉宗の孫）の長男→家治の養子
第12代　家慶（いえよし）	家斉の次男
第13代　家定（いえさだ）	家慶の４男
第14代　家茂（いえもち）	徳川斉順（家斉の７男）の長男
第15代　慶喜（よしのぶ）	徳川斉昭（水戸藩主・徳川治紀の３男）の７男

1858年（安政5年）に35歳《さい》で亡くなり、彼を補佐《ほさ》した井伊直弼が良くも悪くも高い知名度を誇《ほこ》るようになります。

大獄《たいごく》の果てに　―井伊直弼と安政の大獄―

大老・井伊直弼は、側近の長野主膳《ながのしゅぜん》を用いて譜代大名の中でも力をつけ、紀州派の信任を得て大老となります。

当時は、すでにアメリカ以外の諸外国とも和親条約が結ばれつつありました。アメリカの外交官ハリスは、アロー号戦争を引き合いに、なるべく良好な形での通商条約締結《ていけつ》を求めました。

直弼は、状況的に開国はやむを得ないという立場でした。しかし、厄介《やっかい》だったのは一橋派の反発と、朝廷の強硬《きょうこう》な態度でした。

当時、政権を担っていたのは徳川家でしたが、天皇も強い権威《けんい》を持っていました。そこで、老中の堀田《ほった》正睦《まさよし》は、天皇の許可つまり勅許《ちょっきょ》を得ることで反対派の抑《おさ》え込《こ》みを図り、京都へ出向いて勅許を願い出ます。

　政治を行うのは幕府で、朝廷はこれを認めるのが慣習だったこの時代では、異例の行動でした。しかし、正睦は勅許を得るために「お願い」した形になり、両者の関係が逆転したのです。

　しかも、正睦が頭を下げたにもかかわらず、孝明《こうめい》天皇は勅許を拒否《きょひ》。正睦は成果を上げられず、ただ幕府の権威を低下させる結果になりました。

　それでも、直弼は勅許を得たうえで条約を結ぼうと奔走《ほんそう》しますが、これが難しいことを悟《さと》ると、やむなく勅許を諦《あきら》め、1858年（安政《あんせい》5年）に幕府の独断で「日米修好通商条約《にちべいしゅうこうつうしょうじょうやく》」を結びました。

　また、合わせて将軍継嗣《けいし》問題を解決すべく、紀州派が支持した徳川慶福《よしとみ》の就任が内定します。条約の締結《ていけつ》

そのころ、世界では？

1858年ムガル帝国《ていこく》が滅亡《めつぼう》

1857年、インド人傭兵《ようへい》のシパーヒーによる大反乱が勃発《ぼっぱつ》。彼らはすでに実権を失っていたムガル帝国の皇帝《こうてい》を担いで戦いましたが、イギリスの反撃《はんげき》により敗北を重ね、最終的に皇帝は流罪を言い渡《わた》されてムガル帝国は滅亡しました。

後まもなく家定が急死したため、「徳川家茂《いえもち》」の名前で第14代将軍に就任しました。

従来、この2つの政策は直弼の独断かつ強引な政治の結果とされてきましたが、近年になってその評価は見直され、家定の希望やギリギリの交渉《こうしょう》を踏《ふ》まえてのものだったことが明らかになっています。家定は、将軍継嗣問題に関しては慶喜を疎んじ、家茂の将軍就任を望んでいました。通商条約の締結に関しては、ペリーの日本侵略という最悪の事態を回避するための交渉の結果だったのです。

とはいえ、当然一橋派は激怒《げきど》します。斉昭らは直弼の決定に異を唱え、天皇と結びついて幕府の決定を覆《くつがえ》そうとしました。

こうした反対意見に対し、直弼は徹底的《てっていてき》な弾圧《だんあつ》を加えます。

まず、一橋派の中心人物だった斉昭、慶喜、越前藩主《えちぜんはんしゅ》・松平春嶽《まつだいらしゅんがく》、土佐《とさ》藩主・山内容堂《やまうちようどう》らを一斉《いっせい》に謹慎《きんしん》処分とし、さらに彼らと結びついた朝廷の公家たちも処罰《しょばつ》しました。

直弼の弾圧《だんあつ》はこれだけでは終わりません。彼は諸藩の武士も弾圧の対象とし、吉田松陰《よしだしょういん》や、春嶽を支えた側近の橋本左内《はしもとさない》、儒学者《じゅがくしゃ》の頼三樹三郎《らいみきさぶろう》らも処刑《しょけい》されました。

弾圧された人物が100人を超《こ》えるといわれる一連の弾圧を「安政の大獄《たいごく》」と呼びま

す。これほどまでの弾圧は、従来「直弼の独裁的な強権政治によってもたらされた結果」とされてきました。

しかし、この弾圧の背景には、勅許を出さないまま条約締結に怒《おこ》った孝明天皇が、秘密裏に条約問題を再度議論するように求めた勅書《ちょくしょ》（天皇の命令を伝える文書）を水戸藩に与えたことがあります。

これは幕府にとって絶対に許容できないことでした。

家康や秀忠《ひでただ》の時代以来、幕府は朝廷との融和《ゆうわ》を進める一方、禁中並公家諸法度《きんちゅうならびにくげしょはっと》により、朝廷の政治参加や諸藩との結びつきを厳しく禁じました。

朝廷と幕府の主なできごと

1615年（元和元年）	禁中並公家《きんちゅうならびにくげ》諸法度の発布	幕府による、対朝廷・公家規制政策の基本法令。公家諸法度とも。
1627年（寛永4年）	紫衣事件《しえじけん》	大徳寺・妙心寺などの僧に対し、位の高い紫衣の着用の天皇の許可を、幕府が無効とした。
1758年（宝暦8年）	宝暦《ほうれき》事件	竹内式部が公卿に神学・儒学を講じ、公卿が天皇に進講。公卿は罷免・謹慎、式部は追放。
1766年（明和3年）	明和《めいわ》事件	幕府が山県大弐・藤井右門の謀反を疑い、翌年処刑。宝暦事件の竹内式部を遠島。
1789年（寛政元年）	尊号一件《そんごういっけん》	光格天皇が父である閑院宮典仁親王に太上天皇の尊号をおくろうとしたが、幕府が拒否。
1858年（安政5年）	戊午《ぼご》の密勅《みっちょく》	独断で日米修好通商条約に調印した幕府に対し孝明天皇が攘夷を表明。朝廷は幕府へ抗議。

幕府にしてみれば、もしここで弱腰《よわごし》な対応をしようものなら、家康が関ヶ原《せきがはら》の後に絶対に防ごうとした「天下が朝廷派と幕府派に割れる」という状態になってしまうことは明らかでした。

そのため、この勅書に関与《かんよ》した人々は絶対に処罰《しょばつ》しなければならなかったのです。事実、安政の大獄は直弼の独断ではなく、将軍や老中たちの意見を集約して実行されたものでした。直弼個人だけを責めるのは酷《こく》でしょう。

しかし、苛烈《かれつ》な弾圧で幕府の権威《けんい》を維持《いじ》しようとした試みは失敗に終わりました。あまりにも凄《すさ》まじい弾圧ぶりは、かえって尊王攘夷《そんのうじょうい》派の人々の反抗心《はんこうしん》を強め、諸藩の垣根《かきね》を超《こ》えた団結を許します。

また、勅書をめぐって穏健《おんけん》派と過激派が分裂《ぶんれつ》した水戸藩では大混乱が発生。やがて過激派は脱藩《だっぱん》して「天狗党《てんぐとう》」を名乗り、水戸藩は中央政界での影響力を低下させました。

天狗党の中では、「将軍を惑《まど》わす悪の手下を排除《はいじょ》しなければ」という雰囲気《ふんいき》が高まり、薩摩藩士《さつまはんし》らとともに不穏《ふおん》な動きを見せます。

そして、ついに事件は起こりました。1860年（万延元年）、江戸城に登城中の直弼は、脱藩した水戸藩士と薩摩藩士によって桜田門のそばで襲撃《しゅうげき》されます。有名な「桜田門外《さくらだもんがい》の変《へん》」で、直弼はその場で殺害されました。

桜田門外の変により、幕府の権威《けんい》は決定的に低下しました。絶対の権力だった幕府の優位性は失われ、誰《だれ》もが徳川の時代の終焉《しゅうえん》を予感するようになっていきます。

さて、直弼は、暗殺後も悪評が絶えない人物でした。大老・井伊直弼は、進んだ考えを持った人々を処刑《しょけい》した悪人として、また、江戸幕府を滅亡《めつぼう》に追い込《こ》んだ人物として語り継《つ》がれています。

しかし、前に述べたように、直弼の評価は見直されつつあり、一連の政策は彼自身の主義・信条によるものではないと考えられています。

そのころ、世界では？

1861年アメリカで南北戦争勃発《ぼっぱつ》

アメリカは奴隷制《どれいせい》の撤廃《てっぱい》をめぐって南部と北部（アメリカ合衆国）で分裂《ぶんれつ》し、南北戦争が勃発しました。戦闘《せんとう》は長期化しましたが、合衆国の大統領リンカーンのもとでしだいに合衆国優位になり、約４年の戦争は合衆国の勝利に終わりました。

直弼自身は、文武両道に長け、特に剣術《けんじゅつ》や茶道の面で才覚を発揮しました。もし、生まれたのが幕末でなければ、親藩・彦根藩の藩主として、優れた治世を行い、芸術をたしなんだ人物として歴史に名が刻まれたかもしれません。しかし、実際は激動の幕末で賛否両論の政策を次々と打ち出した政治面ばかりが注目され、彼本来の性格は、ほとんど語られることがないのも現状です。

諸藩の蜂起《ほうき》 ―決行される攘夷《じょうい》と薩長《さっちょう》同盟―

桜田門外の変の後、幕府の政治を取り仕切ったのは老中の久世《くぜ》広周《ひろちか》と安藤信正《あんどうのぶまさ》です。しかし、直弼と異なり彼らが諸大名に対し低姿勢な接し方をしたため、大名たちの発言力は再び増大しました。

こうした状況《じょうきょう》を前に、二人は幕府の権威《けんい》を取り戻《もど》すべく、第14代将軍・家茂《いえもち》の妻に皇女・和宮《かずのみや》を迎《むか》えました。「公家」と「武家」を合体させる「公武合体《こうぶがったい》」です。

すでに婚約者《こんやくしゃ》がいたこともあり、朝廷は和宮の幕府行き、つまり「降嫁《こうか》」に難色を示しましたが、焦《あせ》る幕府は是《ぜ》が非でも降嫁を成し遂《と》げようと必死に説得します。最終的にはなんとか実現させましたが、これにより天皇から「具体的な攘夷計画を示す」という見返りを求められ、幕府は攘夷を進める気はなかったにもかかわらず、この提案を飲んでしまいました。

結果、諸藩の反発や政治参加を許して幕府の権威《けんい》は低下し、降嫁はかえって尊攘派を刺激《しげき》する結果に終わりました。

その後、広周と信正は以前の方針通り諸外国との通商条約締結《ていけつ》や、尊攘派による外国人襲撃《しゅうげき》事件の対応など、外交の安定化を図りました。しかし、1862年（文久《ぶんきゅう》2年）、信正は江戸城の坂下門《さかしたもん》の付近で襲撃《しゅうげき》される「坂下門外の変」により失脚《しっきゃく》します。

一方、諸藩で目立った動きを見せたのは、長州藩と薩摩藩です。長州藩は当初、海外との結びつきを強める「航海遠略策《こうかいえんりゃくさく》」を朝廷に提案しましたが、藩内の尊攘派から猛《もう》反発に遭《あ》い、方針を転換《てんかん》。朝廷を奉じて「攘夷徹底《じょういてってい》」の姿勢を明確にします。

薩摩藩は公武合体を推進しようと、一橋派の人々の復権と幕政の抜本的《ばっぽんてき》改革を目指し、藩主《はんしゅ》の父で実権を握《にぎ》っていた島津《しまづ》久光《ひさみつ》が大軍を率いて京都へ上ります。朝廷の許可を得て、江戸に向かい、幕府に一橋慶喜の将軍後見職（将軍の補佐《ほさ》をする職業）と松《まつだ》平春嶽《いらしゅんがく》の政事総裁職を要求して受け入れさせました。

以後、慶喜と春嶽を中心に儀礼《ぎれい》の簡素化や外様大名の幕政への参画、将軍の上《じょ》洛《うらく》などを盛り込《こ》んだ「文久《ぶんきゅう》の改革」が実行されます。改革に際して西洋の知見を取り入れるなどの成果もありましたが、外様大名や朝廷の圧力に屈した改革は、結果的に幕府の権威《けんい》をさらに低下させることにもなりました。

しかも、彼ら公武合体派が攘夷に対して積極的ではなかったこともあり、尊王

公武合体派・尊王攘夷派の禁門の変までの流れ

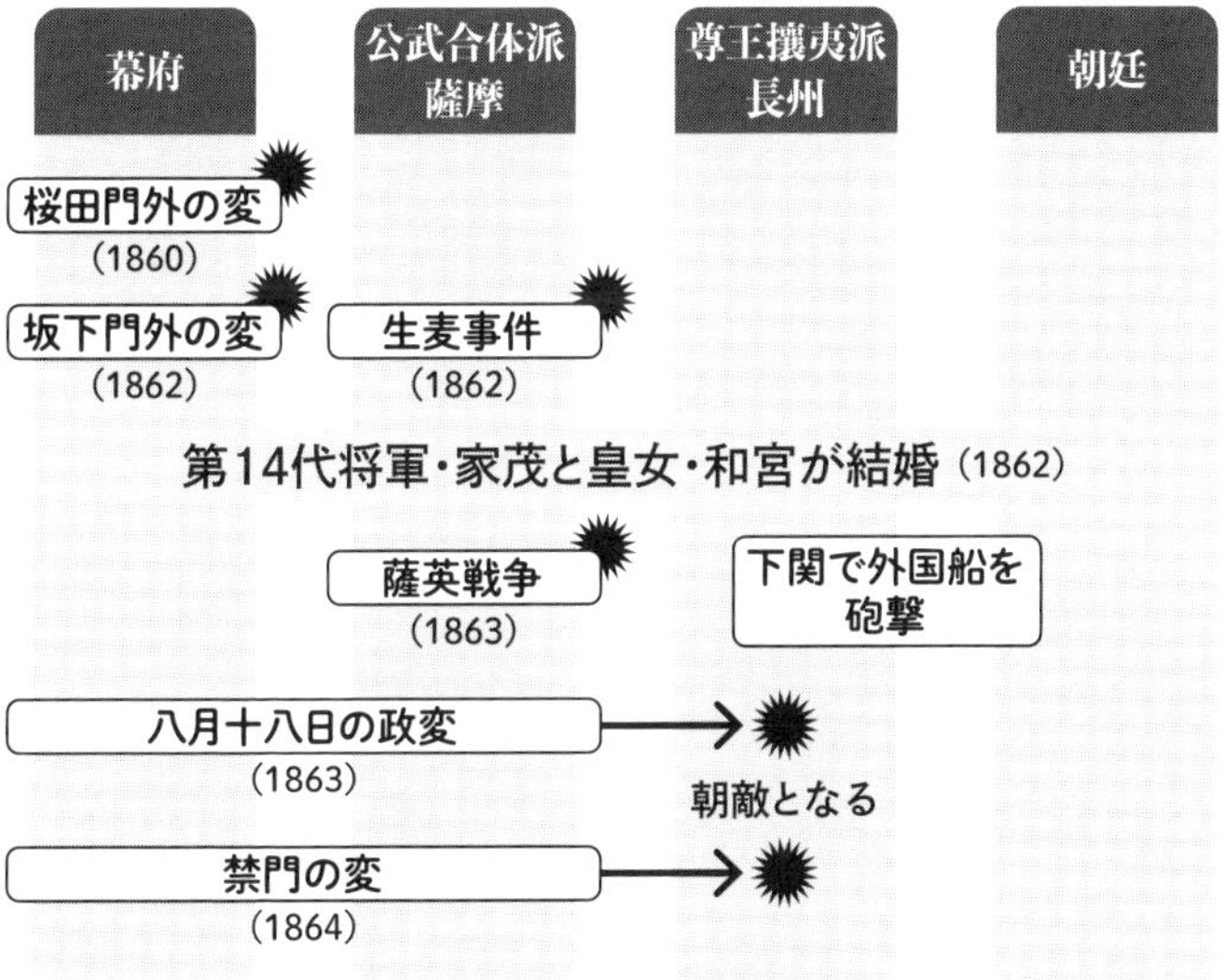

攘夷派の勢力は不満を抱《いだ》き、猛烈《もうれつ》な勢いで攘夷決行を迫《せま》ります。

公武合体派もこうした意見に抗《あらが》いきれず、攘夷に向けた行動を約束しますが、幕府の要人や幕府寄りの公卿《くぎょう》を狙《ねら》う薩摩藩士と、これを防ごうとした薩摩藩士とが斬り合いになる「寺田家《てらだや》事件」が勃発《ぼっぱつ》するなど、予断を許さない状況《じょうきょう》が続きました。

そこで、幕府は特に尊攘派の勢いが強い京都を統制するために、「京都守護職」を設置。会津藩の松平容保《まつだいらかたもり》がこの職に就きました。また、後に彼のもとで治安維持の実行部隊となる、「浪士《ろうし》組（後の新選組）」も誕生しました。

しかし、尊攘派の勢いは止まりません。1862年（文久2年）に薩摩藩士がイギリスの商人を殺害した「生麦《なまむぎ》事件」が勃発《ぼっぱつ》し、イギリスの報復によって「薩英戦争《さつえいせんそう》」が起きました。

双方が大きなダメージを受けた戦いでしたが、和議の成立後、イギリスと薩摩藩は急接近。薩摩藩の方向性が見えてきたことで、開国派が主流となっていた幕府との結びつきも強まります。

他方、長州藩は攘夷への思いを変えません。尊攘派公卿《くぎょう》である三条実美《さんじょうさねとみ》らと結びついて京都で力をふるいますが、1863年（文久3年）に薩摩藩・会津藩は公武合体派の公卿たちと策を練り、長州藩を中心とする尊攘派を京都から追い出すクーデター「八月十八日の政変」を引き起こしました。

これに対し、長州藩の志士たちは、1864年（元治《げんじ》元年）に松平容保の殺害と天皇の連れ去りを計画しますが、事前にそれを察知した新選組によって阻止《そし》される「池田屋事件」でも被害《ひがい》を受けました。

彼らは形勢を逆転させるべく、京都の制圧を目指して挙兵しますが、当時朝廷

禁門の変の相関図

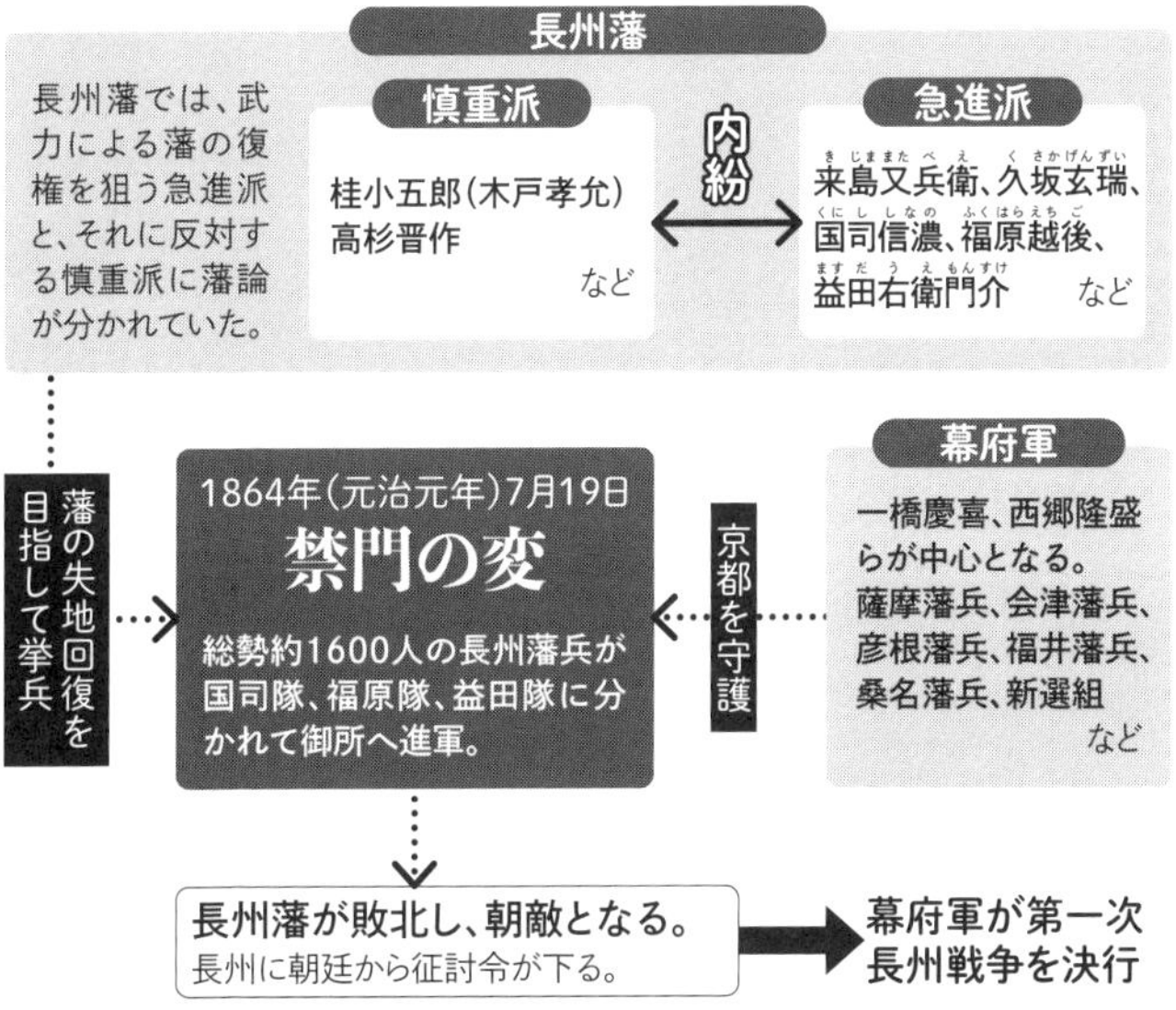

長州藩
長州藩では、武力による藩の復権を狙う急進派と、それに反対する慎重派に藩論が分かれていた。
慎重派
桂小五郎（木戸孝允）
高杉晋作
など
内紛
急進派
来島又兵衛《きじままたべえ》、久坂玄瑞《くさかげんずい》、
国司信濃《くにししなの》、福原越後《ふくはらえちご》、
益田右衛門介《ますだうえもんすけ》 など
藩の失地回復を目指して挙兵
1864年（元治元年）7月19日
禁門の変
総勢約1600人の長州藩兵が国司隊、福原隊、益田隊に分かれて御所へ進軍。
京都を守護
幕府軍
一橋慶喜、西郷隆盛らが中心となる。
薩摩藩兵、会津藩兵、彦根藩兵、福井藩兵、桑名藩兵、新選組
など
長州藩が敗北し、朝敵となる。
長州に朝廷から征討令が下る。
幕府軍が第一次長州戦争を決行

から禁裏の守護を命じられていた慶喜をはじめ、会津藩・桑名《くわな》藩・薩摩藩など諸藩の兵が対長州を掲げて集結します。ここに勃発《ぼつぱつ》した「禁門《きんもん》の変《へん》」で長州藩は敗れ、久坂玄瑞《くさかげんずい》ら多くの藩士たちが討ち死にするとともに、天皇の意向に背いて京都に兵を向けた「朝敵」とされてしまいました。

これにより幕府は「長州征伐《せいばつ》」を決意し、元尾張藩主《おわりはんしゆ》・徳川慶勝《よしかつ》を総督《そうとく》に、参謀格《さんぼうかく》に薩摩藩士・西郷隆盛《さいごうたかもり》を起用する体制で第一次長州戦争が幕を開けます。

しかし、当時、長州では攘夷過激派が政治の中枢《ちゆうすう》から遠ざけられる状態になっていたうえ、攘夷決行によってイギリス・フランス・オランダ・アメリカの4か国連合艦隊《かんたい》に下関《しものせき》を砲撃《ほうげき》される「下関戦争」が起こっており、とても幕府との戦争を遂行できる状態ではありませんでした。

そのため、彼らは謝罪と降伏《こうふく》の意を示し、幕府側もこれに応じて戦わずに長州戦争を終えました。幕府側が彼らを許した理由は「内乱を防ぐため」「戦争継続《けいぞく》による幕府の経済的な負担を考慮《こうりよ》したため」といわれますが、やがて長州の処分をめぐって対立が生じます。それは長州藩内では、以前政治から追い出された、高杉晋作《たかすぎしんさく》を中心とする「奇《き》兵隊《へいたい》」などの勢力が兵を挙げ、政権を取り戻《もど》したからです。

特に、一橋家・会津藩・桑名藩は長州藩の徹底《てってい》処分を求めました。長州に寛大《かんだい》な処分が下されれば、幕府の権威《けんい》が動揺《どうよう》し、自分たちの立場が危うくなると考えたからです。

将軍も強硬策《きょうこうさく》を唱えましたが、意外なことにあれほど長州藩と対立していた薩摩藩が、寛大な処分を望むようになったのです。

薩摩藩が敵に塩を送る方針に転換《てんかん》した背景には、「幕府への不信感」がありました。

先の1863年（文久3年）、久光は慶喜や有力な諸藩と朝廷がともに政策を議論する「参与会議《さんよ》」に参加しましたが、慶喜が朝廷に同調し横浜港の封鎖を支

そのころ、世界では？

1862年サイゴン条約締結《ていけつ》

宣教師への迫害《はくがい》を機にベトナムに介入《かいにゅう》したフランスは、戦争でベトナムを圧倒《あっとう》してサイゴン条約を結ばせました。ベトナムはキリスト教布教の自由化・東部三省の譲渡《じょうと》・開港などを余儀《よぎ》なくされ、後の植民地化の第一歩になりました。

持するなど、久光の意見は聞き入れられず、参与会議体制は破綻。幕府や慶喜に対する強い不信感が残りました。同時に公武合体へ希望を見出せなくなった薩摩藩は、諸藩との連携《れんけい》ではなく独自の富国強兵策を講じるようになります。

こうした状況下《じょうきょうか》で、幕府は将軍・家茂《いえもち》を上洛《じょうらく》させて再度の長州攻撃を行おうとしました。これが決行されれば、確実に薩摩も協力を求められるはずです。

ここで西郷や大久保利通《おおくぼとしみち》、小松帯刀《こまつたてわき》など有力な薩摩藩士たちは、「なぜ自分たちの願いも聞いてくれない幕府のために、兵を出して最前線で戦わなければならないのか」と考え、協力を拒《こば》みました。

一方、長州藩も、とにかく形勢は不利でした。すべてを失った状態のうえ、幕府に攻《せ》め込《こ》まれればひとたまりもありません。政権の中枢《ちゅうすう》にいたのは攘夷派の藩士たちですが、もはや攘夷を叫《さけ》んでいる場合ではなくなりました。とにかく、味方探しをすることと、藩を再び強くすることが最優先だったからです。

つまり、薩摩と長州には、この時点で手を組む動機があったのです。しかし、ほんの最近まで真っ向から対立していた相手と手を組むのは、たとえ利害が一致《いっち》していても簡単なことではありません。

両者は秘密裏に会談を重ねますが、あと一歩の決め手に欠けていました。

そこで交渉役《こうしょうやく》として登場したのが、土佐の坂本龍馬《さかもとりょうま》と中岡慎太郎《なかおかしんたろう》です。彼らは両者の間に入って交渉を重ね、薩摩藩が長州藩の軍事品購入《こうにゅう》を支援《しえん》するなど、距離《きょり》を縮めていきます。

そして1866年（慶応《けいおう》2年）正月に、「薩長同盟」が成立しました。

薩長同盟の成立により幕末の勢力図は一変し、幕府の立場は苦しいものになっていくのです。

薩長同盟成立まで

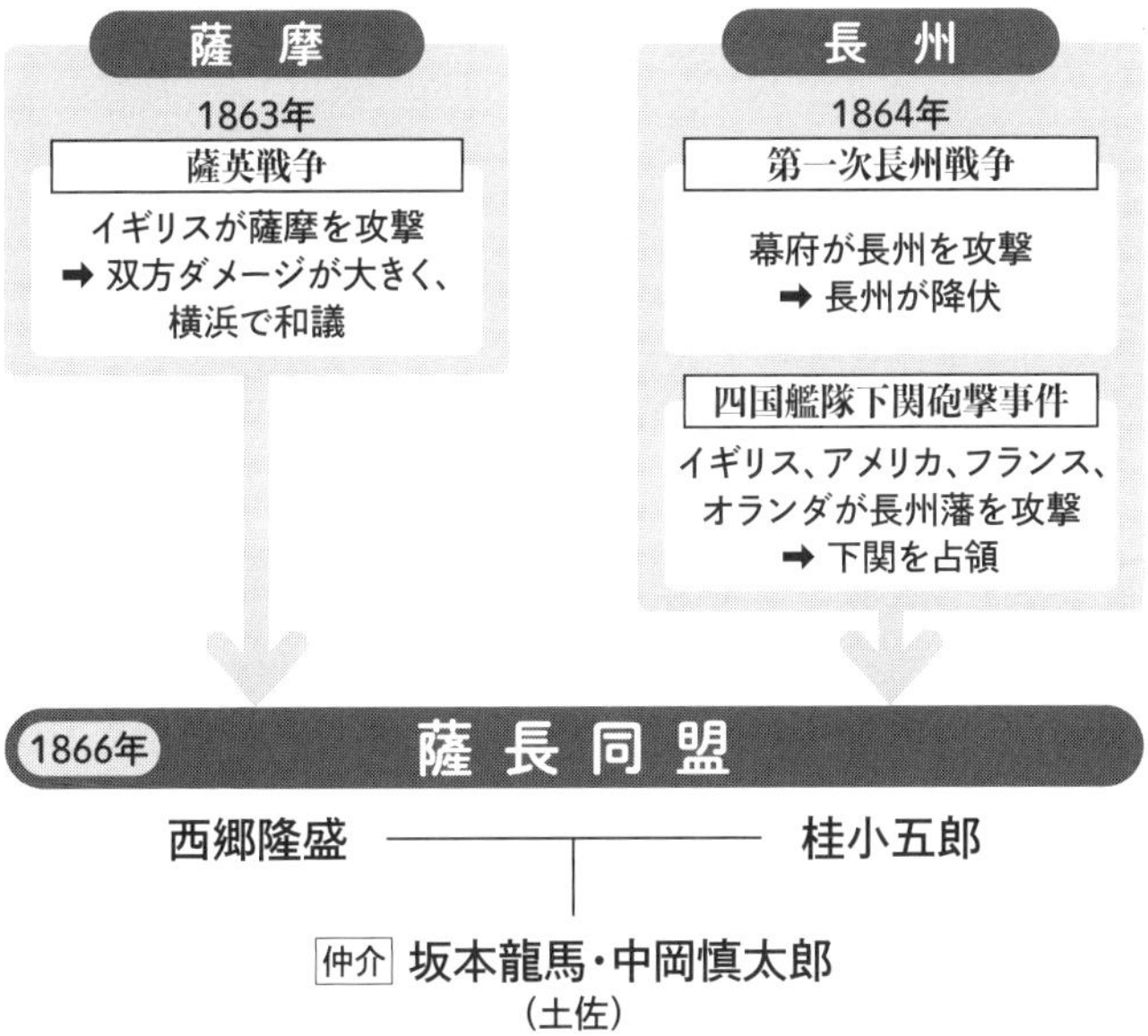

column 7

江戸のパンデミック「天然痘《てんねんとう》」

日本人を苦しめた病の治療法普及に生涯をささげた緒方洪庵《おがたこうあん》

古来、世界ではしばしば「天然痘」という病が大流行し、多くの人を死に至らしめました。

日本でも感染力と高い致死率《ちしりつ》を兼《か》ね備えた病として恐《おそ》れられ、伊達政宗《だてまさむね》・上田秋成《うえだあきなり》・吉田松陰《よしだしょういん》らも感染したことが知られています。また、天然痘は、完治したとしても跡《あと》が残ったり、失明したりするリスクもある、とても厄介《やっかい》な感染症でした。

一方で、一度感染すると強い免疫《めんえき》を持つことも知られていました。イギリスの医師・ジェンナーはこれを利用し、牛が感染する天然痘で、人間に感染しても軽症《けいしょう》で済む「牛痘《ぎゅうとう》」によって免疫《めんえき》を獲得《かくとく》する「牛痘種法」を発表し、社会へ普及《ふきゅう》させました。

しかし、日本では牛痘種法が普及せず、発症した人の膿《うみ》を、傷つけた腕に接種する「人

世界で流行した主な感染症

感染症	流行年	拡大地域と被害内容
ペスト	6世紀、14～17世紀	6世紀の流行時は200年以上続き、死者１億人以上。
天然痘	1663年、1770年	紀元前からある感染症。1663年はアメリカの集落で４万人、1770年はインドで300万人の死者。
スペイン風邪（インフルエンザ）	1918～1920年	死者数は2000万人～4000万人とも。
COVID-19	2019年末～	感染者数２億1600万人、死者数450万人（2021年8月末時点）

痘《とう》種法」が続けられていることを懸《け》念《ねん》したのが、大坂の蘭方医《らんぽうい》・緒方洪庵でした。

洪庵は蘭学《らんがく》を通じて牛痘種法の価値を痛感しており、大坂に「除痘館」をつくり、儲《もう》けを度外視して接種を続けました。

さらに、足守藩《あしもりはん》（現在の岡山県）や地方の各地にも除痘所を設けて活動し、牛痘への偏見《へんけん》を解消するために幕府に働きかけ、大坂の除痘館が公認を得るなどした結果、牛痘種法は急速に普及しました。

このように天然痘対策に功がある洪庵は、幕末に大流行した「コロリ（コレラ）」の対策にも力を入れ、日本の衛生学・予防医学の第一人者として知られるようになります。

起死回生の一手 ─大政奉還《たいせいほうかん》─

ついに成立した薩長同盟。しかし、薩長同盟は薩摩藩と長州藩の公式な取り決めではなく、あくまで一部重臣の約束事でした。つまり、本当に守られるかどうかはまだ分からなかったのです。

そして、ちょうど薩長同盟の効力が試される局面が訪れます。案の定、幕府は長州攻撃への協力を薩摩藩に求めてきました。

しかし、ここで薩摩藩の大久保利通が出兵を断固として拒否《きょひ》します。幕府の出兵命令を藩側が無視することは、たしかに衝撃的《しょうげきてき》な出来事でした。加えて、出兵を拒否されたにもかかわらず、幕府は薩摩藩を攻《せ》めるわけでもなく、ただ薩摩藩抜《ぬ》きの「第二次長州戦争」を決行せざるを得ませんでした。

それでも、大半の諸藩が幕府に味方したのも事実で、薩摩藩抜きでもたった一つの長州藩を打ち負かすなど造作もないはずでした。

ところが、あろうことか幕府軍は長州軍に負けてしまったのです。敗退の理由は、長州と幕府の士気・戦術の差、長州が装備を揃《そろ》える時間があったことなどが挙げられますが、最大の要因は将軍・家茂《いえもち》の死でした。

もともと戦に乗り気でなかった諸藩はこれを口実に無断で兵を引き上げ、ついに、幕府は長州一藩に敗れさったのです。

長州すら討てない――。この事実は幕府の衰退《すいたい》をこれ以上ないほど象徴《しょうちょう》しました。

こうした状況下で、江戸幕府最後の将軍になったのが徳川慶喜《よしのぶ》（一橋慶喜）でした。

しかし、家茂の死により将軍不在とな

第二次長州戦争

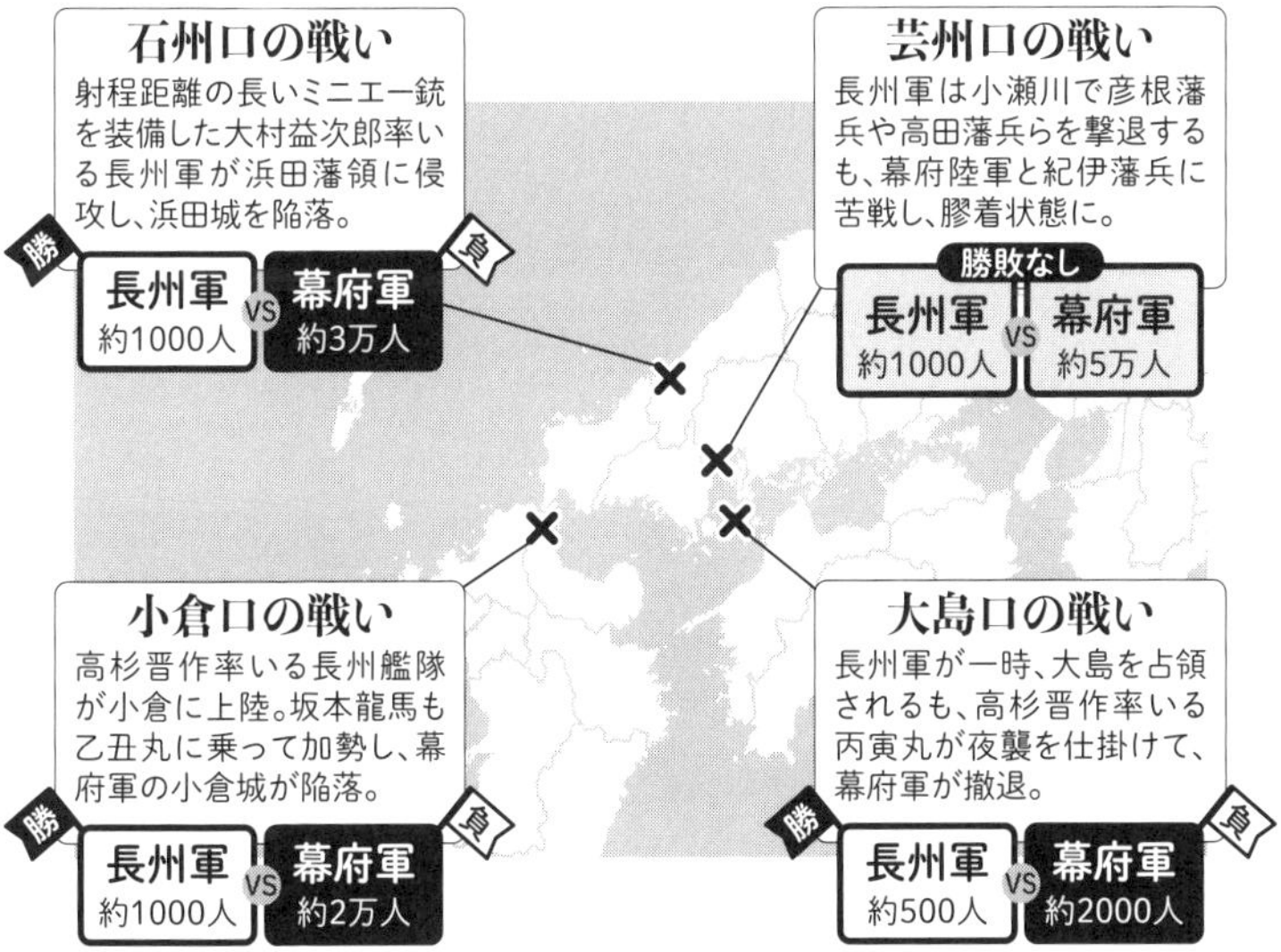
石州口の戦い
射程距離の長いミニエー銃を装備した大村益次郎率いる長州軍が浜田藩領に侵攻し、浜田城を陥落。
勝
長州軍
約1000人
VS
負
幕府軍
約3万人
芸州口の戦い
長州軍は小瀬川で彦根藩兵や高田藩兵らを撃退するも、幕府陸軍と紀伊藩兵に苦戦し、膠着状態に。
勝敗なし
長州軍
約1000人
VS
幕府軍
約5万人
小倉口の戦い
高杉晋作率いる長州艦隊が小倉に上陸。坂本龍馬も乙丑丸に乗って加勢し、幕府軍の小倉城が陥落。
勝
長州軍
約1000人
VS
負
幕府軍
約2万人
大島口の戦い
長州軍が一時、大島を占領されるも、高杉晋作率いる丙寅丸が夜襲を仕掛けて、幕府軍が撤退。
勝
長州軍
約500人
VS
負
幕府軍
約2000人

ってから、慶喜は将軍に就任するまでには異例の4カ月という長い空白期間があり、また同年には孝明天皇も亡くなったことで政治は混乱しました。

つまり、限りなく厳しい状況《じょうきょう》での幕府再生が、慶喜のミッションだったのです。

慶喜は、1866年（慶応《けいおう》2年）から勘定奉行《かんじょうぶぎょう》・小栗忠順《おぐりただまさ》や栗本鯤《くりもとこん》らを中心に、江戸幕府最後の改革「慶応の改革」に乗り出しました。

慶喜はフランスの公使・ロッシュとも連携《れんけい》を図り、官僚《かんりょう》システムの再編・合理化、西洋式の軍事改革などを行い、一定の成果を上げています。

こうした幕府の変革を何より警戒《けいかい》したのが、長州藩と薩摩藩でした。長州藩は言うまでもなく、薩摩藩も長州藩が攻《せ》め滅《ほろ》ぼされれば「次は自分たちの番だ」という不信感があったからです。以後、両藩は急速に結びつきを強めます。

しかし、両藩ともにまだ倒幕一辺倒《とうばくいっぺんとう》というわけではありませんでした。両藩は土佐《とさ》藩や宇和島藩といった雄藩《ゆうはん》と協力して幕府から外交権を奪《うば》い、徳川家を諸藩の一つに格下げしようとしましたが、慶喜は巧《たく》みな政治力で外交の主導権を手放しません。

家茂の死によって幕府の勢力は衰《おとろ》えるどころか、むしろ増していく兆しを見せます。

薩長両藩は焦《あせ》りました。実はこの段階で追い込《こ》まれていたのは幕府ではなかったのです。

彼らは焦りをつのらせ、ついに武力的な「討幕」をハッキリと意識するようになります。

特に薩摩藩は武力倒幕に前のめりでしたが、ここで土佐藩の重臣だった後藤象二郎《ごとうしょうじろう》は、武力ではなく慶喜に政権を返上させる「大政奉還《たいせいほうかん》」を薩摩側に提示します。

当時、倒幕勢力は武力の行使をめぐって対立しており、大政奉還の建白に向けた流れが進む一方、天皇の勅命《ちょくめい》を得た武力行使路線も有力な選択肢《せんたくし》でした。

そのため、大政奉還の建白はあくまで名目で、実際は大政奉還が拒否《きょひ》されることを前提に、武力革命の名目にしようと考えていた可能性も指摘《してき》されています。

そのころ、世界では？

1866年普墺戦争《ふおうせんそう》開戦

ドイツ連邦《れんぽう》を構成していたドイツ人国家のプロイセンとオーストリアは、ドイツの統一方法をめぐって対立を深め、やがて普墺戦争が幕を開けました。勝利したプロイセンはオーストリアを枠組《わくぐ》みから外す「小ドイツ的統一」を成立させました。

しかし、慶喜は建白を受け入れて大政奉還を実行しました。ここに、江戸幕府は滅《ほろ》びたのです。

では、慶喜はなぜ大政奉還を受け入れたのでしょうか。理由の一つは、すでに武力革命への動きが進んでいることを察知したからでした。事実、大政奉還の直前、倒幕派は天皇から「倒幕の密勅《みっちょく》」を得ており、倒幕軍は天皇に支持された権威《けんい》ある勢力になっていました。そこで、あえて自ら政権を天皇に返すことで、倒幕の名目を潰《つぶ》したのです。

また、仮に朝廷に政権を返しても、数百年もの間、政権を担っていない朝廷がいきなり政治を担えるはずがないとも考えていました。事実、慶喜は来《きた》るべき新政府の樹立にあたって、要職に就ける立場にありました。

さらに、近年では諸外国の脅威《きょうい》を前に「挙国一致《きょこくいっち》」の姿勢を示すべく、権力の二重化を回避《かいひ》する狙《ねら》いがあったともいわれています。

いずれにせよ、慶喜の大政奉還は倒幕派にとって予想外の出来事であり、逆に潔く政権を返上したことで、慶喜の評価が急上昇《きゅうじょうしょう》する結果を招きました。

大政奉還によって確かに江戸幕府は滅《ほろ》びましたが、慶喜の判断はまさに〝起死回生の一手〟だったのです。

江戸幕府本当の終わり　―戊辰《ぼしん》戦争―

大政奉還は成立しましたが、薩摩藩や土佐藩といった一部の藩と慶喜だけで一大事が決定されたこともあり、慶喜は、幕臣や会津藩・桑名藩・紀州藩などの猛《もう》反発を受けました。特に会津藩は依然《いぜん》として長州藩の厳罰《げんばつ》を求め、これが反幕府派を刺激《しげき》しました。

反幕府派は結集して朝廷で実権を握《にぎ》るためのクーデター「王政復古《おうせいふっこ》の大号令」を発出し、慶喜や会津藩・桑名藩などを排除《はいじょ》した新政府樹立を目指しました。

一方、慶喜は王政復古を事前に察知しており、結果的にこれを黙認《もくにん》したとみられます。その理由は「内乱勃発《ぼつぱつ》の回避《かいひ》」「新政府での立場への期待」などが指摘されていますが、実際のところは分かりません。

この後、王政復古政権では徳川家をどのように新政府で位置づけるか、公武合体派と薩摩藩が激しく対立しました。

しかし、慶喜を支持する勢力は強く、彼は新政府でも要職に就くことがほぼ決まっていました。つまり、この時点で有利な立場にあったのは慶喜なのです。

では、なぜ彼の優位性は失われたのか。その原因に、大政奉還翌年の「薩摩藩邸焼き討ち事件」がありました。江戸の薩摩藩邸の藩士たちは江戸で乱暴・狼藉《ろうぜき》を繰《く》り広げ、これに怒《おこ》った庄内《しょうない》藩が薩摩藩邸を焼き打ちしたのです。

一連の事件はすぐ大坂や京都にも伝わり、勢いづいた会津藩や旧幕臣たちは薩摩討伐を強く主張しました。慶喜やその側近には開戦するまでの決意はなかった

大政奉還から鳥羽伏見の戦い勃発まで

1867年（慶応3年）

- 10月14日… 慶喜が大政奉還の上表文を提出
- 10月14日… 長州藩へ倒幕の密勅
- 10月15日… 大政奉還、勅許
- 12月 9日… 朝廷が王政復古を宣言
- 12月25日… 江戸の薩摩藩邸が焼き討ちにあう

1868年（慶応4年）

- 1月 1日… 慶喜が旧幕府軍へ京都への進軍を命じる
- 1月 3日… 鳥羽伏見の戦い勃発、戊辰戦争が始まる

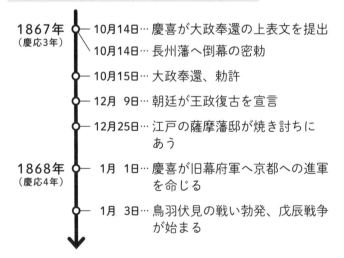

ようですが、薩摩藩側は武力行使を決定し、京都を舞台《ぶたい》に「鳥羽伏見《とばふしみ》の戦い」が勃発《ぼっぱつ》しました。

軍事力では勝っていた旧幕府軍でしたが、京都での戦争を嫌《きら》っていた慶喜を中心とする旧幕府軍の準備不足や、淀《よど》藩・津《つ》藩の裏切りなどが原因で敗北を重ね、政局全体での旧幕府軍の不利は決定的なものとなりました。

それは、この時点で朝廷は薩摩藩や長州藩を中心とする新政府軍を「官軍」と見なし、旧幕府軍は天皇に牙《きば》をむく「朝敵」になってしまったからです。天皇の権威《けんい》を利用して公武合体を試みていた旧幕府軍には致命的《ちめいてき》でした。

さらに、敗戦濃厚《のうこう》とはいえ戦争が続いている状況《じょうきょう》で、慶喜は突然《とつぜん》ごく近しい部下たちだけを連れて大坂を去り、江戸へ帰ってしまったのです。この行動は戦場にいた旧幕府軍の士気を著しく低下させ、戦争敗北に直結しました。

この行動によって、慶喜は「部下を戦場に残して敵前逃亡《とうぼう》した卑怯者《ひきょうもの》」と見なされるようになり、後世での評判を決定づけました。

慶喜はなぜ敵前逃亡《とうぼう》を選んだのでしょうか。

彼に近しい人々は「この戦争はあくまで部下が勝手にやったことで、自分が朝敵ではないことを示すために江戸へ帰っただけだ」と朝廷に弁明しており、これが慶喜の本心に近いと見なされています。

江戸に戻ったのち、慶喜は徹底抗戦《てっていこうせん》を主張する意見に耳を貸さず、謹慎《きんしん》して新政府に恭順《きょうじゅん》の意を示しました。もっとも、この行動は暴発する家臣たちの統制を放棄《ほうき》したとも考えられ、評価は高くありません。

体制を固めたうえでの反攻《はんこう》ができない旧幕府軍を尻目《しりめ》に、新政府軍は江戸城の総攻《こう》撃《げき》を企図《きと》します。この件はイギリス公使・パークスの反対や、西郷隆盛と勝海舟の会

鳥羽伏見の戦い

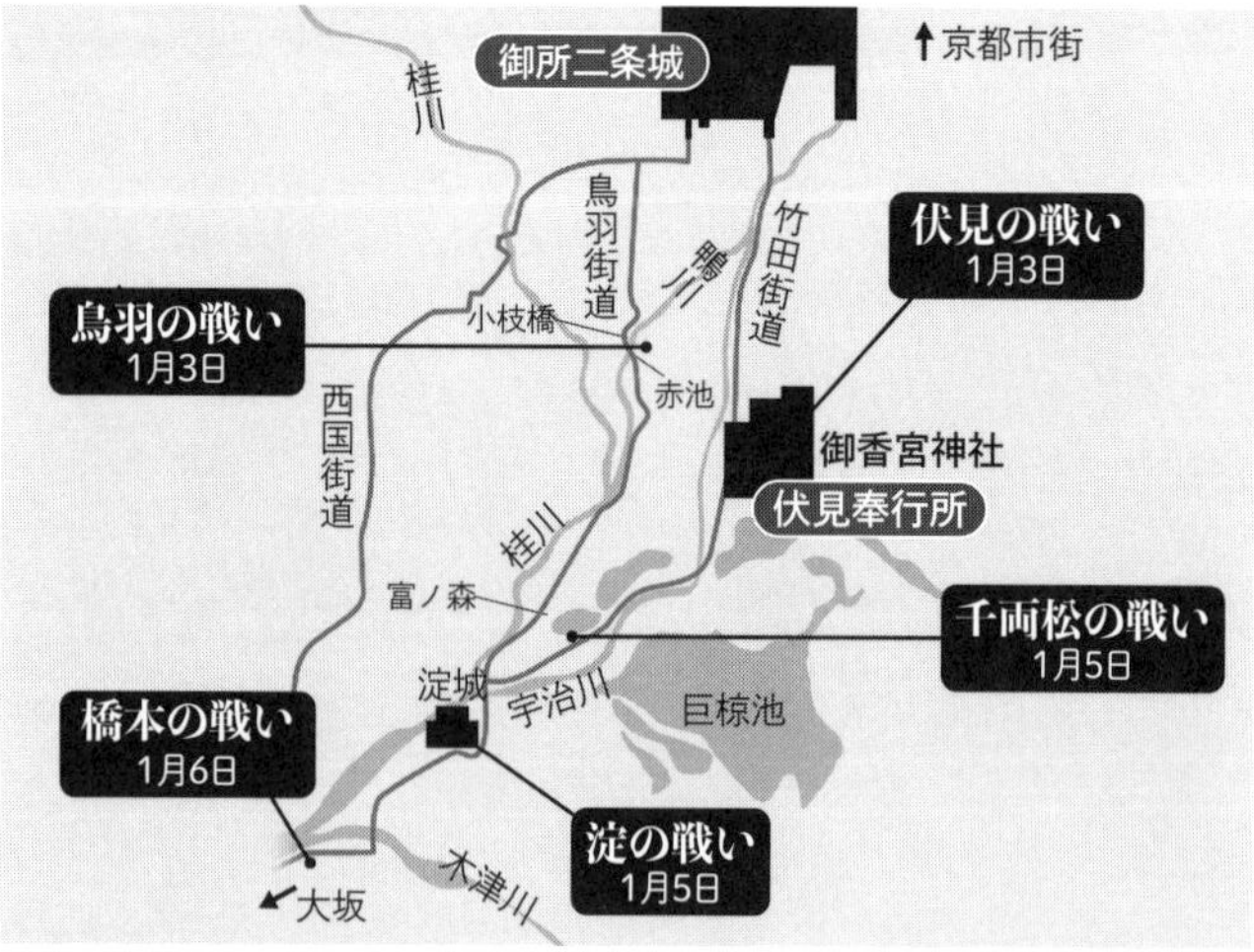

談などで寸前に回避《かいひ》され、江戸城の無血開城・慶喜の助命が決まりました。以後慶喜は、政治へのかかわりを避《さ》け、趣味人《しゅみじん》として余生を送りました。慶喜の趣味は広く、狩猟《しゅりょう》や乗馬、囲碁《いご》のみならず、日本に入ってきたばかりの西洋画や写真撮影《さつえい》に挑戦《ちょうせん》するなど、新しいもの好きでもありました。

そんな慶喜とは別に、旧幕府軍は新政府軍との戦争を続けました。旧幕臣や新選組、彰義隊《しょうぎたい》などの勢力が江戸や関東各地で抵抗し、仙台藩や米沢藩、さらには東北や北陸の諸藩で構成された「奥羽越列藩同盟《おううえつれっぱんどうめい》」も抵抗《ていこう》しましたが、敗北を重ねました。特に、会津藩が総力戦で臨んだ会津戦争は、少年兵で結成された白虎隊《びゃっこたい》や、老人・女性もが戦いに参加し、命を失う悲劇的な末路をたどりました。

降伏《こうふく》する勢力や、戦死者の数は日増しに増え、最終的に新選組や旧幕臣の生き残りの土方歳三《ひじかたとしぞう》や榎本武揚《えのもとたけあき》、大鳥圭介《おおとりけいすけ》らが箱館の五稜郭《ごりょうかく》に到達します。

彼らは「箱館《はこだて》政権」を樹立しますが、1869年（明治2年）に勃発《ぼっぱつ》した箱館戦争に敗れ、ついに旧幕府軍は新政府軍に完全降伏。ここに、鳥羽伏見の戦いに始まる「戊辰《ぼしん》戦争」は終結し、江戸幕府は完全な終わりを迎《むか》えたのです。

江戸時代がいまに残したもの　―社会の連続性―

一般的《いっぱんてき》に、私たちは「遅《おく》れた」江戸幕府を、「進んだ」新政府が打倒《だとう》した結果、富国強兵や文明開化が成し遂《と》げられ、近代日本の礎《いしずえ》が築かれたと教えられてきました。

確かに、明治新政府の元で、諸藩から領土や領民を返還《へんかん》させる「版籍奉還《はんせきほうかん》」や、「廃《はい》藩《はん》置県」などにより藩制度が解体され、天皇を中心とする中央集権体制が築かれました。身分制度の廃止《はいし》や学制・教育の普及、まげや帯刀の禁止に至るまで、近代的な諸改革が多くなされたのも事実です。

しかし、実際のところ、こうした改革は「江戸幕府が残したもの」がなければ絶対に達成できなかったでしょう。

諸藩を解体したとはいえ、多くの県や市の中心は基本的に諸藩の城下町に置かれ、産業・経済・行政システムはほぼそのまま諸藩のものが流用されました。教育の普及も、すでに藩校・私塾・寺子屋などが多く設置されており学力が高水準だったこと、学習への抵抗《ていこう》がなかったことも定着の背景にあるでしょう。

新政府の目玉だった文明開化についても、すでに江戸幕府が西洋文化を積極的に取り入れていたことは前述の通り。むしろ、新政府の中心的存在だった薩長のほうが「攘夷」を叫《さけ》び続けるなど、幕府より遅《おく》れていました。

一方、新政府の改革でも、江戸幕府の課題を解決しきれなかったこともあります。例えば、四民平等の建前がありながら、皇族や華族《かぞく》は特別扱《あつか》いされる一方、「えた・ひにん」と呼ばれた人々や、アイヌ・琉球《りゅうきゅう》民族への差別は残り続けました。多様な府県の政治参加を掲《かか》げたものの、実際は幕末から有力になった「薩摩藩・長州藩・土佐藩・肥前藩」の四藩が政治を主導する現象も見られました。

かつて、江戸幕府の構築した幕藩《ばくはん》体制を世界史的に見ると、フランスの絶対王政やロシアの帝政《ていせい》と同じ「封建制《ほうけんせい》（領主が人々を支配する体制）」と評価する声もありました。しかし、近年では日本史を無理に西洋史の基準を適用する必要はないとして、幕藩体制＝封建制《ほうけんせい》という評価に疑問も呈されています。これにより、「封建制を打倒《だとう》した革命」とされてきた明治維新《いしん》の見直しと、江戸幕府の再評価が進みつつあります。

つまり、「明治維新」は日本を根底から変えた一大改革ではなく、良くも悪くも江戸幕府のシステムを大部分引き継《つ》いだ政治体制の変革だったといえるのです。

ただし、江戸幕府が達成した「将軍のもとでの中央集権化」は、250年という長い歴史の中で、形骸化《けいがいか》した制度や伝統に凝《こ》り固まった非効率な慣習が生き残っていたのも事実です。

一方、政治だけでなく社会全体に目を向けると、現代のいわゆる「日本的な価値観」が生まれたのも江戸時代だということが分かります。

冒頭《ぼうとう》でも紹介《しょうかい》したように、江戸時代を迎《むか》えるまで日本は戦乱に明け暮れていました。江戸時代以前の日本人は、道徳的な上下秩序が確立しておらず、主君であっても自分の命を保証してくれなければ容赦《ようしゃ》なく殺害するような傾向《けいこう》がありました。

しかし、江戸時代に入り、平和を維持《いじ》するための手段として「儒学《じゅがく》（朱子学《しゅしがく》）」を社会の根幹に据《す》え、教育を普及していったことで状況《じょうきょう》は大きく変わります。人々は主君や年長者・両親を敬い、礼節や上下の秩序《ちつじょ》を重視するようになりました。

現代では、しばしば日本人の特徴《とくちょう》を「勤勉」「和を重視する」「礼儀《れいぎ》正しい」などと表現しますが、こうした特徴は江戸時代に生まれたものといえます。他方、日本人の課題として挙げられやすい「主体性のなさ」「前例主義」「男女の格差」なども また、江戸時代を起源にしています。

その他、七五三・成人・還暦《かんれき》などといった年中行事、旅行・花見・花火などの娯楽《ごらく》が社会に根付いたのも江戸時代でした。

江戸時代は、現代と断絶した、はるか昔の世界ではなく、多方面で現在と連続した世界だったのです。江戸時代を知ることは「日本」を知ることであり、現代の社会をより深く理解し、未来に向けた手がかりを得ることに繋がるでしょう。

年表

「江戸時代のできごと」と当時の将軍、「世界のできごと」を合わせて見られる年表です。

年代	江戸時代のできごと	当時の将軍	世界のできごと
1603	・徳川家康が征夷大将軍となり江戸幕府開府	家康①	・オランダ連合東インド会社設立(1602)
1615	・「大坂夏の陣」で豊臣氏が滅亡	秀忠②	・ロシア、ロマノフ朝成立(1613~1917)
1627	・幕府が僧の紫衣着用を無効にした「紫衣事件」	家光③	
1635	・武家諸法度改定により参勤交代制の確立	家光③	・インド、タージ・マハルの築造(1632~53)
1637	・島原・天草一揆が勃発(~1638)	家光③	・後金が清と改称(1636)
1641	・鎖国の断行	家光③	・欧州各国が参戦した「三十年戦争」終わる(1648)
1657	・江戸最大の火事、明暦の大火	家綱④	・イギリス王政復古(1660)
1687	・綱吉より「生類憐みの令」発布	綱吉⑤	・イギリス名誉革命(1688)
1715	・長崎貿易に関する条例「海舶互《かいはくご》市《し》新例《しんれい》」発布	家継⑦	・バルト海支配をめぐる「北方戦争」勃発(1700~21)
1721	・吉宗が「目安箱」を設置	吉宗⑧	
1742	・「公事《くじ》方御定書《かたおさだめがき》」が完成	吉宗⑧	・オーストリア継承戦争(1740~48)

1758	・朝廷内の尊王論者の弾圧事件「宝暦事件」	家重⑨	・七年戦争でイギリスがフランスを破り、経済の世界的優位となった（1756～63）
1767	・幕府による尊王思想弾圧事件「明和事件」	家治⑩	
1772	・田沼意次が老中となる	家治⑩	・イギリス産業革命期に突入（1770頃）
1782	・江戸時代三大飢饉のひとつ「天明の大飢饉」（～1787）	家治⑩	・アメリカ13州独立宣言（1776）
1787	・「倹約令」を発す	家斉⑪	・フランス革命（1789）
1792	・ロシアからラクスマン来航	家斉⑪	・ナポレオン皇帝即位（1804）
1825	・幕府が「異国船打払令」を出す	家斉⑪	・フランス七月革命（1830）
1834	・水野忠邦が老中となる	家斉⑪	・イギリス選挙法改正（1832）
1837	・豪商の蔵などを打ち壊した「大塩平八郎の乱」	家斉⑪	・イギリスと清間でアヘン戦争（1840～42）
1858	・日米修好通商条約調印	家茂⑭	・ロシアと連合軍間でクリミア戦争（1853～56）
1860	・大老井伊直弼暗殺「桜田門外の変」	家茂⑭	・アメリカで南北戦争が起こる（1861～65）
1864	・幕府が長州戦争に乗り出す	家茂⑭	・赤十字社同盟結成（1864）
1867	・「大政奉還」「王政復古の大号令」により江戸幕府の終わり	慶喜⑮	・プロイセン＝オーストリア戦争（1866）

参考文献

『首都江戸の誕生 大江戸はいかにして造られたのか』 大石学(KADOKAWA)

『江戸の外交戦略』 大石学(KADOKAWA)

『近世日本の勝者と敗者』 大石学(吉川弘文館)

『新しい江戸時代が見えてくる:「平和」と「文明化」の265年』 大石学(吉川弘文館)

『徳川歴代将軍事典』 大石学(吉川弘文館)

『江戸の教育力:近代日本の知的基盤』 大石学(東京学芸大学出版会)

『元禄時代と赤穂事件』 大石学(KADOKAWA)

『吉宗と享保の改革』 大石学(東京堂出版)

『詳説世界史研究』 木村靖二/岸本美緒/小松久男(山川出版社)

『江戸文化をよむ』 倉地克直(吉川弘文館)

『江の生涯』 福田千鶴(中央公論新社)

『田沼意次:御不審を蒙ること、身に覚えなし』 藤田覚(ミネルヴァ書房)

『幕末・維新全藩事典』 人文社編集部(人文社)

『徳川慶喜』 家近良樹(吉川弘文館)

『緒方洪庵』 梅溪昇(吉川弘文館)

『徳川秀忠』 山本博文(吉川弘文館)

『家光は、なぜ「鎖国」をしたのか』 山本博文(河出書房新社)

『戦国関東の覇権戦争』 黒田基樹(洋泉社)

『江戸時代の身分願望:身上りと上下無し』 深谷克己(吉川弘文館)

『徳川綱吉』 塚本学(吉川弘文館)

『城と城下町』 石井進(山川出版社)

『お伊勢参り:江戸庶民の旅と信心』 鎌田道隆(中央公論新社)

『水野忠邦:政治改革にかけた金権老中』 藤田覚(東洋経済新報社)

『薩長同盟論:幕末史の再構築』 町田明広(人文書院)

『地図・年表・図解でみる 日本の歴史』 武光誠/大石学/小林英夫(小学館)

『日本史年表・地図』 児玉幸多(吉川弘文館)

監修　**大石　学**（おおいし　まなぶ）

1953年、東京都生まれ。東京学芸大学名誉教授。NHK大河ドラマ『新選組！』『篤姫』『龍馬伝』『八重の桜』『花燃ゆ』『西郷どん』等の時代考証を担当。2009年、時代考証学会を設立、同会会長を務める。

編集・構成／常松心平、古川貴恵（オフィス303）、齊藤颯人
装丁・本文デザイン／倉科明敏（T.デザイン室）
文／齊藤颯人
イラスト／磯村仁穂
図版／竹村朋花（オフィス303）

世界のなかの日本の歴史
一冊でわかる江戸時代

2021年10月30日　初版発行
2024年12月30日　3刷発行

監修　大石　学

発行者　小野寺優
発行所　株式会社河出書房新社
〒162-8544
東京都新宿区東五軒町2-13
電話03-3404-1201（営業）
03-3404-8611（編集）
https://www.kawade.co.jp/
組　版　株式会社オフィス303
印刷・製本　TOPPANクロレ株式会社

Printed in Japan
ISBN978-4-309-72203-0

この時代にも注目!

応仁の乱から
江戸幕府成立までを、
図解やイラストを入れて
わかりやすく解説した一冊。

ISBN978-4-309-72201-6

黒船来航から西南戦争まで、
265年続いた
江戸幕府の終焉を
図解やイラストを入れて
わかりやすく解説した一冊。

ISBN978-4-309-72202-3